WHAT BOOKS

·什么· 工作室

林徽因传

喜欢你 是寂静的

王臣 著

江西人民出版社
Jiangxi People's Publishing House
全国百佳出版社

序一｜你若安好，便是晴天

王臣

那年，我一整年未出远门，只写了一本小说。多数时间，都是闲晃于生活琐细之中。有人告诉我，日子理应过得慢些，不焦躁、少功利，方才能体味生活本真之趣。的确如此。读书、喝茶、遛狗，偶尔与友人小酌，这样的日子我差不多过了八个月。甚至，慵懒得连旅行也被一再搁置。

总该做点什么。

这句话，无数人对自己说过。我也不例外。一直认为，人生苦短，绝不能无所事事。自然，“生存”这件事逼迫着每个人不得不为生计忙碌。只是，对于我来讲，心里总还藏有一个“无所事事”的梦想。不少的人和书都曾告诉我们，要如何坚持不懈，要如何义无反顾，要如何赴汤蹈火，才算不负此生。

可我不这样觉得。

数年前，我出版了这本书。或许是写林徽因的缘故，让我隐隐觉得她的一生一世与我平日听来的人生诉求并不相同。她走过的路，她做过的事，甚至她爱过的人，哪怕身在乱世心在漂流，她每一次可被追寻记忆的言行，皆是轻缓柔和的。而这，也并不表示她是一个甘于平庸的女子。

事实上，她活得热烈又丰盛。

即便如此，她从来也不是一个急功近利的人。她写文章、做事、研究建筑，从不激切，从不焦灼，从不浮躁，她几乎是用一生的时间在“慢”这件事上斟酌、修行。从某种程度来讲，她本身的“人生美学”或许要比她的作品更值得后人寻味。因此，欲了解她本身如其作品的人，并不少。

在这本书里，我特别收录了林徽因之子梁从诫先生为她写的一篇回忆散文，算是作为这本书的补充，以飨读者。我到底是个不相干的人，撰文难免有主观之嫌，纵是查阅大量资料，所言所写读者也未必全然肯信。有梁从诫先生的文章佐证，也是为了让读者放心。

自然，少不了林徽因的文字。我挑选了林徽因最具代表性的文学作品单独制作成册，与这本书放在一起，也算是文传结合，让读者对林徽因其人、其事、其文章有一个相对完整系统的认知。今次再版，出版社在装帧、用纸方面皆用心，也算圆满。

写这本书的时候，我初至成都。在一座安静的城市，写一个安静的女子，过了一段也算安静的日子。时光如白驹过隙，转眼数年，不知是不是命运之巧合，这本书再版之时也恰是我再次来到成都之日。人与书，书与城市，皆是安静的、慢的、自由自在的。此书也算是我在成都居住的三年时光之印证。

做一个安静的人，缓慢地生活。与世无争，简简单单过此生。亲人在，爱人在，狗也在。山川巍峨，河流清澈，天空湛蓝，花草繁茂。有善意，有

信任，有团圆，有相伴。最好，也真的还有“一生一世”和“至死不渝”。这是我所有的梦想，大概也是最奢侈的。但我觉得，林徽因做到了。

有一首诗是最好的注解。

木心写的《从前慢》。

记得早先少年时
大家诚诚恳恳
说一句 是一句

清早上火车站
长街黑暗无行人
卖豆浆的小店冒着热气

从前的日色变得慢
车，马，邮件都慢
一生只够爱一个人

从前的锁也好看
钥匙精美有样子
你锁了 人家就懂了

愿日子过得慢些，愿你安好。

序二｜喜欢你是寂静的

王臣

世间女子，纷丽多姿。
独独有她，哀艳如诗。

林徽因，最令人怀念的民国女子。

关于她的才情、容貌、人生际遇，样样都令世人称道，皆是传奇。她写得一手好诗，为人低蕴沉静。又长得美，且有气韵。立在一处，便似深谷一朵兀自开谢的白兰，总是瞩目。她是美人，更是才女。因此，民国诸人看她，总觉世间种种好处一时间都落在她身上。

正因如此，她注定一生都要活在风口浪尖上，哪怕从来非她所愿。她讨人喜欢、令人疯迷，也让人嫉妒、被人猜疑。徐志摩爱她，梁思成爱她，金岳霖也爱她。又有惊才绝艳女子如冰心、凌叔华诸人，虽然无一不对林徽因心存几分芥蒂，但也忍不住都会去赞她。

冰心说，“林徽因俏，陆小曼不俏”。连美人陆小曼都入不了冰心的眼，可冰心与林徽因不睦是众所周知的事，即便如此，冰心还是会说一句“林徽因俏”，实在难得。凌叔华也是，她不喜欢林徽因，赞也似骂，但终究会赞。她说：“可惜因为（林徽因）人长得漂亮又能说话，被男朋友们宠得很难再进步。”

对女子来说，被同性之人赞美，大约才是真的漂亮。甚至连梁思成的第二任妻子林洙谈及林徽因时，也是赞叹备至。身份如此特殊的林洙，要说她对林徽因不存分毫妒忌，实在不能令人信服。

林洙说：“我承认一个人瘦到她那样很难说是美人，但是即使是到现在我仍旧认为，她是我一生中所见到的最美、最有风度的女子。”女子之秀丽娟美、清雅贞静，她皆胜人几分。

是为女子，她就好比而今的林青霞和胡因梦，人美，有才，有好人缘，不论谁见了，都会忍不住赞她几句。亦有人说，生得漂亮不如活得漂亮。说得甚好。然而，林徽因是将两样都占了。她这一生活得热烈、丰盛、漂亮。

从北总布胡同的“太太客厅”，到西南联大她与丈夫梁思成一起脱坯和泥筑建的屋宅，再到她在李庄养病时，即便历经长达五年的煎熬、困苦、闭封也未曾荒废片刻光阴，仍坚持建筑研究和文学创作，林徽因一步一步走得铿锵、热烈，又哀艳、笃定。寸寸是庄严，点点皆郑重，令人钦佩。

为林徽因立传，是一件美好的事。世间所有的书写，或因一念之喜，或因一念之悲，或因一句叹念，或因一句咏吟，抑或是不经意间植于内心的一粒微情之种，皆起自刹那的缘。这本书，也不过是缘于那句绝艳于世的“你是人间的四月天”。

林徽因去世之后，她的儿子梁从诫写过一篇题为《倏忽人间四月天》的文章来忆念母亲。那首《你是人间的四月天》正是林徽因在梁从诫出生之后欣喜所作。林徽因有端丽容颜，有惊世才情，然而终归根本，正如梁从诫所说，她也是世间最寻常简单的女子——妻子、母亲。

懂得爱与被爱。
知足，珍重。
步步丰盈。

我说你是人间的四月天；
笑响点亮了四面风；
轻灵在春的光艳中交舞着变。

你是四月早天里的云烟，
黄昏吹着风的软，
星子在无意中闪，
细雨点洒在花前。

……

你是一树一树的花开，
是燕在梁间呢喃，
——你是爱，是暖，是希望，
你是人间的四月天！

人间四月。
柳下花前。

她看世景流转。
她看人间河川。

她清绝、明净，如深谷幽兰。
正是“人在光天化日里，不落色境”。

世间女子，独她最好。

是为纪念。

而她，林徽因，女子清素如是，似春日栀子，不早，不晚，与诸君相携，悄然含苞，出现在世人眼前。

目录

Contents

喜欢你是寂静的

壹

人生如初尘落定

01

人 间

林徽因。

世间女子万千，民国里来去，独她最好。写林徽因，当从《诗经》起。从那首《诗经·大雅·文王之什·思齐》始，穿过烟水迷离之江南，去追忆、去怀缅。“徽因”二字之缘起，便在于当中那句“大姒嗣徽音，则百斯男”。

思齐大任，文王之母，
思媚周姜，京室之妇。
大姒嗣徽音，则百斯男。

“大姒嗣徽音”，大姒，乃周文王之妃。徽，美也。徽音，即美音，寓意贞静之性、贤德之行。以“徽音”二字作她的名，的确是再适合不过了。她出生时，是晴天丽日。1904 年 6 月 10 日，她出生在浙江杭州陆官巷的祖父林孝恂家中。她满月时，正是中国历史上最后一次科举考试。不知周岁抓周，她的小手捡起了什么。

林徽因的祖籍虽然是福建闽县（今福建福州），但在《纪念志摩去世四周年》一文当中，她自称杭州是“一半家乡”。这一份乡关情意，自与她在杭州出生有关，但更重要的是杭州岁月当中祖父予她的恩情。“徽音”一名便是祖父为她取的。

彼时，“徽因”二字尚不是而今我们看到的样子，而是完全依照《诗经》所取，叫“徽音”。直到1935年，林徽因开始在报纸、杂志上发表文学作品，因“徽音”二字与当时的一位男性作家的名字“林微音”相近，为区分开来，方改“徽音”为“徽因”。

民国才女如冰心、庐隐、苏雪林、凌叔华等，皆是出身仕宦名门之家。林徽因亦是，她祖上根系乃福建闽侯林氏，旧年林氏是望族。纵林氏至林徽因祖父林孝恂这一支已式微，沦为布衣，但林孝恂勤奋，光绪年间考中进士，与康有为同科，之后授职翰林院编修，亦算是林氏家族重新振兴之标志。

因林孝恂起于寒微，家底薄，在京为官压力极大，有意请求外放，所以在翰林院年度甄别考试当中故意写错一个字。能入翰林院任职的人必是有大才学的人，书写错字是绝对不可能发生的。出现此种情况，通常便是官员暗示上级自己有离京意向。

如此，林孝恂方才离京而去，千里迢迢来到南方，出任金华、海宁等地方官长。最后，他落居杭州，当了杭州知府。林孝恂虽在封建旧朝为官，但其人开明。晚清社会风气日渐开放，林孝恂新旧不拒，中外兼学。

林孝恂尤重视后辈教育，不分男女，一视同仁。他在杭州府上设立了家塾，分国学和新学两斋，教育子侄。并请了国学大师林琴甫讲授国学，新派名流林白水讲授新学，甚至请了洋人和日本人来教习英文与日文。国民党著名将领蒋百里，便是因为林孝恂出资方才能够留学日本，谱下传奇。

自然，林家子女皆受到了极好的教育。林孝恂与妻子游氏共育有七个子女。林孝恂专情，一生只爱游氏，从无妾室。在林家，也广传林孝恂与游氏的爱情佳话。林徽因的父亲林长民是长子，生于1876年，字宗孟，号“桂林一枝室主人”，因晚年家中院落里栽有两株栝树，自谓“双栝老人”。

林长民，聪慧又好学。青年时便两赴日本留学，毕业于早稻田大学。在清末这样一个政治环境极复杂的年代生活，林长民心中日渐种下改革社会的政治抱负。他有才学，也擅社交，因此广结政界名流。

关于林长民的形容，被誉为“晚近掌故史料之巨擘”的徐一士曾评说：“（他）躯干短小，而英发之概呈于眉宇。貌癯而气腴，美髯飘动，益形其精神之健旺，言语则简括有力。”想来，应当是形容极有正气的男子。

可惜，林长民终是未能完全实现自己的政治理想，政坛失意之后便携女儿林徽因远赴英伦，周游欧洲。回国后，被推为中国首席代表出席世界国联总会，又接任福建大学校长。民国十四年，任宪法起草委员会委员长。后来，他入奉军郭松龄幕。最后因参加苏家屯反张作霖战争中流弹身亡。

林长民娶妻三房。原配叶氏与林长民指腹为婚，英年病逝，未能给林长民留下子女。叶氏去后，林长民续娶何雪媛。何雪媛为林长民诞下两女一子，后来幼子、幺女接连夭折，仅有长女长大成人。她，便是林徽因。

何雪媛虽容貌端正，但因出身商贾小家，不善女红和持家，又没有文化，且脾气乖张，与林长民脾性不合。自幼子早夭，长达十年中，何雪媛再未能给林家续添男丁，膝下仅有林徽因，因而林长民才娶了第三房程桂林。

程桂林虽不通文墨，但性格乖巧，嫁入林家之后，又接连诞下一女四子，深得林长民宠爱，也有了林长民沉湎“桂林一枝室”的说法。这给林徽因的母亲何雪媛带来了沉重打击。原本性格不讨喜的何雪媛愈加焦躁、暴烈，甚至与女儿也无法和谐相处，这也给林徽因的童年生活覆上了一层阴影。

好在林徽因始终都是父亲的掌上明珠。

林徽因的儿子梁从诫在忆念她的文章里写道：“她爱父亲，却恨他对自己母亲的无情；她爱自己的母亲，却又恨她不争气；她以长姊真挚的感情，爱着几个异母的弟妹，然而，那个半封建家庭中扭曲了的人际关系却在精神上深深地伤害过她。”写得令人哀伤。

世道狰狞，岁月凄厉。

母亲，本应是林徽因初入这人间最重要的女性榜样。虽然她自幼接受了良好的教育，但是她从小便见惯母亲心中的痛苦和束缚、不甘与挣扎，成长环境真的算不上温润。然而，即便在这样一个人心皆乱的年代里，她依旧能够穿越漫长的幽暗时光，长成一个明媚清明、内核强大的女子。

如斯女子，已是难得。而她一生一世，遇到的那些待她宽宏又真心的人，更是珍贵。先有祖父林孝恂和父亲林长民，后有知己徐志摩、爱人梁思成、至交金岳霖，还有泰戈尔、沈从文、费正清和费慰梅的欣赏、爱重。多年之后，哪怕文人女子最相轻，她也终有自己的一席之地。

那是一个极坏的时代，清朝末年，兵燹连天，祸乱绵绵；又是一个极好的时代，民国初年，百花绽放，星火不绝。是来来去去，是离离合合，是缘起缘灭。犹似史册里那一段三国硝烟，英雄美人，连枝盛开，热烈、嚣艳。

1904 年，京剧大师程砚秋出生，文学大师巴金诞世。就连在遥远的南美洲，因低吟那句“我喜欢你是寂静的”而惊艳了世人的著名诗人巴勃鲁·聂鲁达也在这一年来到这浊浊人世间。**而她，林徽因，女子清素**

如是，似春日栀子，不早，不晚，与诸君相携，悄然含苞，出现在世人眼前。

默然静待，她的人间四月天。

02

哀 艳

哀艳是童年。

杭州。
蔡官巷。

林徽因童年时便与祖父母一起居于此处。林家是大家庭，林孝恂儿孙满堂。1909 年，林徽因五岁，随祖父母由杭州陆官巷迁居杭州蔡官巷的一处宅院。白墙黛瓦，海棠枇杷。岁月安稳，山河静好。她在这里享有快乐的孩童时代，举目所见是澄明。

林徽因正是与表兄弟、表姐妹数人一起在杭州度过了童年时光。大姑母林泽民是林家兄弟姐妹七人当中最善诗书的。当年，林泽民虽已外嫁，但与娘家亲近，时常住在娘家。也是得了这样的好机缘，林徽因和众表兄弟姐妹受到了林泽民最好的发蒙教习，很是幸运。

那时候，林长民因忙于政事时常在外，与林徽因在一起的时间并不算多。故而，她的身边只有母亲、二娘（程桂林）和众家亲戚。母亲性子不好，对程桂林心存芥蒂，妻妾相处从来艰辛，林徽因本应单纯美好的童年也因此有了几丝晦暗。

1911 年，林徽因祖母游氏病逝，祖父身体不好，母亲亦不识字，弟弟妹妹尚年幼，二娘自顾不暇，姑母也非时时在旁。因此，林徽因小小年纪便很独立，还开始代祖父给父亲写家信，令人心惜。女子独立，多只因困境当中了无指望。

林徽因的童年过得并不悠闲。家庭环境复杂，林徽因自幼看惯人情冷暖、世态炎凉。母亲又总是尖锐，凡事不能淡然，较之寻常女童，她也不得不多出一份超越年龄的成熟心思。天资聪慧且早谙世事者，总要比寻常孩童过得辛苦些。一颗慧心藏纳于身，带来的未必总是春光明媚。

后来，林家离开杭州，几度迁徙。

1912 年，林家迁居上海，住在虹口区金益里。林徽因入爱国小学就读。可是，林长民因公奔波，常在北京。次年，母亲何雪媛携林徽因的妹妹（后夭折）先去了北京。到 1914 年，林徽因才随年迈的祖父一起赴京。谁知，不久之后，林孝恂便病逝。

1915 年，袁世凯称帝。之后，林家搬至天津英租界红道路，后又辗转重回北京，住在南府口御沟河边织女桥西。1916 年，林徽因与众姐妹齐入英国教会办的培华女中读书，开始了一段全新的生命旅程。林徽因日后出色的英语便得益于在培华女中的学习。

1917 年，张勋复辟，林家迁居天津一段时间，唯林徽因随父留京。

直到这一年 8 月，方才定居北京。世道不安，政局混乱。世人都是历史微尘，林家亦不例外，一而再，再而三地被岁月裹挟，从南方到北方，从此地到彼处，迁徙辗转。林徽因生在一个淆乱年代，惴惴度过了自己最青涩的那几年。

她真正属于自己的人生，是从十六岁开始的。

1920 年，春。林长民政坛失意，被派至欧洲考察宪制，实是闲差，心知自己在政坛很难再有大的作为。之于林长民，这一段光阴苦涩晦暗，半生已过，终至落寞。可是，天命自有定数，他的失意却给了女儿林徽因去海外游学的际遇。是年，林徽因跟随父亲去了欧洲，开始了独属于她的瑰丽人生。

林长民有意为女儿的人生引路。行前，林长民在信中谆嘱女儿："我此次远游携汝同行。第一要汝多观览诸国事物增长见识，第二要汝近我身边能领悟我的胸次怀抱……第三要汝暂时离开家庭繁琐生活，得扩大眼光养成将来改良社会见解与能力。"

彼时，林徽因尚不知此次行旅意义几何。4 月，她随父从上海出发，登上去往法国的邮轮。一路海航，令她印象深刻。她常立于船头甲板之上，远眺大洋的彼端。无垠之广天，空阔之深海，让她领悟到了己身之渺弱。她便在心中隐隐种下一个念头，要做点什么来映衬这天地人间。

她想：丰盛且热烈地度过这一生。

5 月 7 日，邮轮抵达法国，林长民父女转道去了英国伦敦，居住在阿门二十七号。林长民为爱女聘请了两名外国人教英语和钢琴。两个月之后，林徽因随父亲开始漫游欧洲大陆，从巴黎到日内瓦，从罗马到柏林。谁知一个弱小女子就这样在漫长的旅途之中长成了铿锵热烈的样子。

9月，父女二人回到伦敦。林徽因以极好的成绩考入了圣玛丽学院。这个9月，看似平常，可对林徽因来讲却又实在特别。这不单与她入学有关，更与那个原本在美国却突然漂洋过海来到伦敦的热烈男子有关。他，便是徐志摩。

10月，林徽因遇见徐志摩。

林氏父女旅居伦敦近两年，周围集聚的皆是风趣有才之人。林长民德高望重，纵使远在英伦，所交之辈依然是在各自圈中身份煊赫之人，其中便包括浙江海宁富商徐申如之子徐志摩。

徐申如是中国近代著名的实业家，主要在海宁硖石经商，彼时正值徐申如出任海宁商会会长。胡适曾说："申如先生为硖石最有势力之人，有'硖石皇帝'之称，其人魁梧强健，体格过人，气度也还可亲。"

徐申如希望徐志摩子承父业，遂将之送到美国，入哥伦比亚大学就读。徐志摩原本也打算学成归家，如父所愿。可时日长久之后，他对经济学兴趣渐失，反倒迷恋哲学家罗素至深。就在即将拿到哥伦比亚大学博士学位之时，他却义无反顾地只身去往英国，欲投罗素门下。

徐志摩运气差，他到英国之时，恰逢罗素去了中国。与罗素擦肩，令他很失望。好在，他此时结识了作家狄更斯，恰似万般黑暗之中的一束暖光。在狄更斯的介绍下，徐志摩辗转来到了康桥皇家学院学习，于此落定。

那是个路路有神仙的年代。

有一天，徐志摩来到林家拜访林长民。敲门而入，与林长民相见。有些人只需三两句话，便知贴心。林长民和徐志摩正是如此。林徽因后来回忆说：“不用说，他和我父亲最谈得来，虽然他们年岁上差别不算少。”无论年岁相差几何，家世背景如何迥异，终无法妨碍他们成为莫逆之交。

两人之间还有一段私趣掌故，说是他们曾因受英国哲学家伯特兰·罗素的爱情理念影响，互写情书，佯装伴侣。林长民以有室男子苣冬自称，徐志摩则扮演已婚少妇仲昭。鱼雁往返，倾诉思情。只是后来见着林徽因，徐志摩再来林家时，心思已全然落在了她的身上，也就不大顾得上与林长民的“情分”了。

那日，她梳着两条及肩小辫，着一身素雅衣裳，安静地立在父亲身后，悄看门前来客徐志摩。他也是一眼就看到了她。那是一种怎样的初识印象，微细之处，世人难知。但可猜想，徐志摩心中定是极欢悦的。不用说话，只静默看她，就欢喜难耐。

所有的爱，大约都是生发于一种不经意的微喜。譬如他与她，初见在伦敦的和煦日光下。那一见，他的心就被她攫住了，不能自拔。仿佛前生前世，早已相识；仿佛今生今世，人间重见。**有些人，哪怕远隔万水千山，也终将会面。**

徐志摩，什么人？

只他一旦爱住，
管他春夏秋冬，
管他日居月诸，
管他时岁荣枯。

这一年，她十六岁，他二十四岁。

03
志　摩

徐志摩。

与他相识相知的时日，是林徽因在伦敦最好的记忆片段之一。纵多年以后再忆及当年往事，她心中依旧皆是柔软。异国他乡，难得两相知心，不说话他也懂。青春年少的人们，从不缺少悸动，有些匆急潦草，有些温柔从容。林徽因与徐志摩便是第二种。似梦中白莲，皎洁耀眼。

她犹记得那次，他雨后看虹带给自己的浪漫悸动。是缓缓慢慢，却又浩浩荡荡。那日，她从温源宁口中得知，徐志摩竟曾头顶大雨跑去温源宁的宿舍喊他看虹。他俩同窗。彼时，温源宁只觉得眼下这个男子是与旁人不同的，心极挚纯。

徐志摩，以骨作文，以血赋诗。他是骨子里便有幻月虚花似浪漫冲动之人，而那浪漫又深稳、沉实，与人冲茶饮水、穿衣行路一般，仿佛是天性，怎么看都理所应当。正是那晚，林徽因抑制不住心中好奇，惴惴地跑去问他，怎就能判定那雨后必有彩虹。

不想，他却答道：

“完全诗意的信仰。”

不是所有的浪漫都令人着迷，也不是所有的诗意都值得回忆。但一切自徐志摩处散发出来，便令林徽因觉得格外不同。当年，她不过是十六七岁的素衣少女，春日栀子，蓬勃芳香。如此年纪，便在异国他乡，心中所缺，只是一个温柔怀抱，或是浪漫依靠。

中国人的乡关情意不同于大多数国家的人。就好比一封从不老旧、永不褪色的家书，万里之外，也在袂中。少女林徽因，也是如此。父亲依旧忙碌，不能时时伴她左右，与她闲话。那段日子，对于林徽因来说，时如春草温柔，时似荒野寂寞。正如她日后给沈从文写的信中所言：

我独自坐在一间顶大的书房里看雨，那是英国的不断的雨。我爸爸到瑞士国联开会去，我能在楼上嗅到顶下层楼下厨房里炸牛腰子同洋咸肉，到晚上又是在顶大的饭厅里（点着一盏顶暗的灯）独自坐着（垂着两条不着地的腿同刚刚垂肩的发辫），一个人吃饭一面咬着手指头哭——闷到实在不能不哭！理想的我老希望着生活有点浪漫的发生……

恰逢此时，他便来了。

还好，他来了。

徐志摩，虽然年长许多，但是学识见地与艺术修养不凡，令少女时期的林徽因十分敬仰。他浪漫温柔，诗情画意，真挚潇洒，淡静自若。那夜，她与他讨论雨后的虹、描摹康桥的梦。天真如泼墨芍花，无暇似不染烟火。深夜阒寂，她忍不住在闺阁隐秘的角落写下了一首《那一晚》，来回想，并纪念。

那一晚我的船推出了河心，
澄蓝的天上托着密密的星。
那一晚你的手牵着我的手，
迷惘的星夜封锁起重愁。
那一晚你和我分定了方向，
两人各认取个生活的模样。
……

在古老沧桑又自由浪漫的欧洲大陆，林徽因和徐志摩来往，看上去是多么自在美妙。只是，天不遂人愿。一代才子徐志摩早已婚配有妻。世事寻常，美好如此，哀痛亦是。在徐志摩和林徽因超越友谊、逼近浪漫的关系背后，另有一人孤自沉默，无依无靠，在悲苦中煎熬。

失意的是张幼仪。张幼仪，徐志摩发妻。与林徽因相识之时，徐志摩已是人夫，亦是人父。早在 1915 年，徐志摩与张幼仪便已结为夫妻。那一年，张幼仪一如而今的林徽因，不过只有十六岁。

张幼仪与徐志摩当真是门当户对。她乃上海宝山县罗店巨富张润之的次女。张润之有八子二女，张幼仪排行第八。张家是名门望族，只是这桩婚事因是父母之命家庭包办，二人全无感情基础，徐志摩对张幼仪总是很冷淡。

感情的事，从没什么道理可言，所有对错都是一家之言。爱与被爱总难预料。碧玉女子会爱上粗野莽夫，书香子弟亦可能沉迷于烟花之地。而看过去极匹配的倜傥公子和妙丽小姐，也许一生一世也难生发出半点情之涟漪。徐志摩与张幼仪便是如此。

不喜欢便是不喜欢了。

若徐志摩果真爱林徽因至心甘情愿抛弃发妻，真能弃绝道德、信义、原则，彻彻底底当个恶人，也就罢了。然而，他不能。他终究只是凡人。一如大多数人，善仍保留，恶难彻底。他做不到随心所欲，与林徽因只能“发乎情，止乎礼”。他自知有错处，便将一封家书寄回国内，请妻子来英伴读，以此约束自己。

1920年，张幼仪应丈夫请求，千里迢迢抵达马赛港，辗转至伦敦。可是，当张幼仪真的出现在徐志摩面前时，他又悔了。有时，徐志摩的优柔寡断看上去实在令人讨厌。可换作旁人，又未必真的会做得更好。张幼仪曾回忆自己当年抵达马赛时的境况道：

我斜倚着船舷，不耐烦地等着上岸，然后看到徐志摩站在东张西望的人群里，就在这时候，我的心凉了一大截……他是那堆接船的人当中惟一露出不想到那儿来的表情的人。

次年9月，张幼仪抵达伦敦。恰逢此时，林徽因与父亲在伦敦的寓所租期已满。不足一个月，林徽因便随父亲回国。在张幼仪和林徽因之间取舍，大约是徐志摩此生所做的最艰难的选择。林徽因的离开，又让徐志摩越发看清了自己的心。

他爱的，只有林徽因。

心动之事，最是折磨。不是玉石俱焚，便是覆水难收。林徽因离开之后，徐志摩悬心难安，与张幼仪的婚姻每况愈下。1922 年，徐志摩在德国柏林和张幼仪协议离婚。友人胡适曾在徐志摩去世之后所写的《追悼志摩》中写道：

他正式向他的夫人提出离婚，他告诉她，他们不应该继续他们的没有爱情没有自由的结婚生活了。他提议“自由之偿还自由”，他认为这是“彼此重见生命之曙光，不世之荣业”。他说“故转夜为日，转地狱为天堂，直指顾间事矣……彼此尊重人格，自由离婚，止绝苦痛，始兆幸福，皆在此矣”。

事实上，徐志摩对张幼仪几乎连尊重也未曾做到。就连离婚的口信，徐志摩也是托旁人捎给张幼仪的。他说：“小脚和西服并不相配。”小脚是张幼仪，西服自然说的是自己。当中厌弃，不言自明。种种言行，几乎是另一个版本的胡兰成。**区别是，徐志摩有爱，他爱的是林徽因；胡兰成无心，他爱的只有自己。**

虽然与徐志摩的这段婚姻是张幼仪毕生剧痛，但是这丝毫不能阻碍她成为传奇。后来，她独自打拼，从开一家服装店开始，慢慢成了上海女子商业储蓄银行副总裁、云裳服装公司总经理。对，她开了一家服装店。而这，也曾是张爱玲的愿望。

世间情爱，总是诡谲。哪怕与发妻离婚，徐志摩也终究没有得到林徽因。或许，他只想给自己的一颗心一个交代。徐志摩自私吗？当然。可是，爱这件东西，从来不都是自私的吗？谁能相信，一个人，一颗心，可以住进两个人？徐志摩不相信。世人评价他是否风流的同时，也都能伪装到底。

之于林徽因，这一段感情是少女之温暖初梦。粉而洁净，远而广阔。她对徐志摩，与其说是恋慕，不如说是敬慕。友人之上，爱亦未满。之于徐志摩，这一段感情是成年男子久觅不得之爱情理想。无色，蓬勃，有难以拔除之诱惑。谁不曾在年少时笨拙而又疯狂地爱过一个人？那个人是对的吗？未必。可是，难忘。

道如今：

康桥如故。
云如故。
唯爱已非故。

04

思 成

感情的事难分对错，
但总有一个先来后到。

离婚之后，徐志摩追随林徽因回国。他想要做点什么，可是，他的恩师梁启超不允。1915 年，徐志摩结婚之后，离开浙江前往北京求学，先后至天津北洋大学、北京大学等处学习。1918 年夏，经友人张君劢引荐，拜梁启超为师。徐志摩深得恩师梁启超所喜。

1918 年 8 月，也是在梁启超的安排之下，徐志摩赴美留学得以成行。在徐志摩心中，梁启超如山如父。得知徐志摩为林徽因离婚并回国，梁启超致信徐志摩，训教了一番。大意是望徐志摩行事多思，不可以一己私乐令旁人痛苦，不该沉迷于男女情爱之幻徒增烦恼和苦痛，望他看开、放下。

不过，徐志摩的回信却很有态度。

徐志摩说：“我知我之甘冒世之不韪，竭全力以斗者，非特求免凶惨之苦痛，实求良心之安顿，求人格之确立，求灵魂之救度耳。人谁不求庸德？人谁不安现成？人谁不畏艰险？然且有突围而出者，夫岂得已而然哉？”告之恩师自己并非只顾自己私乐致使他人痛苦，而是要身心一致地活一次。

又有洒然几句：“我将于茫茫人海之中访我唯一灵魂之伴侣。得之，我幸；不得，我命。如此而已。”

好一句“得之，我幸；不得，我命”。徐志摩许是良人，但他不是张幼仪的，也未必是林徽因的。他之所以不听恩师言劝，也是另有隐情。林徽因回国之后遇见了梁思成，梁思成是梁启超的长子。在徐志摩、梁思成和林徽因的关系当中，梁启超的身份很尴尬。

事实上，林徽因与梁思成的姻缘，与梁启超确有莫大关联。正是梁启超早早看中了这个小女子，暗中促使她与梁思成相识，方才有了这二人后来的佳美故事。因此，徐志摩心知，恩师此番训劝亦有徇私之嫌。在林徽因这件事上，爱徒与长子之间，梁启超不得已做出取舍，也是常情。

可是，梁启超所为，亦仅止于此。

一如他自己在二人成婚之后与女儿梁思顺的信中所言：“我对于你们的婚姻，得意的了不得，我觉得我的方法好极了，由我留心观察看定一个人，给你们介绍，最后的决定在你们自己，我想这真是理想的婚姻制度……徽因又是我的第二回的成功。”

世间你我，缘来缘去，皆有果因。彼时，林徽因与徐志摩一起谈诗书、论学法，漫游英伦，也是很浪漫的。只是相遇得太晚，她不曾料到他家中有妻，更不曾料到他会为自己而抛弃张幼仪。林徽因不是徐志摩，她无法像徐志摩一样只凭一颗浪漫的心而活。

林徽因，自幼目睹双亲相爱又绝望的关系，从母亲处深知旧时代身为女子的桎梏之痛。如若她果真嫁给了徐志摩，在世人眼中她成了什么人？哪怕她从未有心拆散旁人的婚姻，可是世间对错从来不由自己分说。爱令人愉悦，可是总有误入歧途之人，爱至疲惫。

林徽因不愿。

何况念及张幼仪，她该如何自处。她无法接受，因了自己，断送了张幼仪对徐志摩所有的情之寄望和爱之企图。她做不到，这不是她想要的。十六七岁的林徽因无法给予徐志摩爱的回应。她对他，从来都是敬大于恋。如是二三，林徽因和徐志摩也就只能这样了。他有过的熹微幻念终要崩塌散灭。

回国之后，林徽因继续入培华女中就读。恰逢此时，她重遇梁思成。多年未见，他依然端正沉实。重逢时，她依然记得出国前夕匆匆一会时那个沉默不语的少年模样。而他，却经那匆匆一见，便在内心深处将她雕成一朵不枯香花。

1901年，梁思成出生在日本，年长林徽因三岁。虽然长得俊秀，但是年幼时身子孱弱。十一岁时，他才随父母回国。回国之后，入清华学校就读。学业优秀不说，谁能想到儿时体弱多病的他竟然足球踢得好，也擅长跳高，在各领域皆出类拔萃。他爽直风趣，人缘亦好。

两个人在一起，能长久相伴，性情相合是最重要的一件事。林徽因之所以能和梁思成相恋、相伴并最后结发相守，全因为他深稳和静的性情。与梁思成在一起，林徽因觉得舒适。她的一个眼神、一个动作，他皆懂得。这才是她想要的婚姻生活。

他彬彬有礼，给予林徽因的爱，深缓宁静，温柔有致，不激烈、无压迫，在一种自由舒畅的环境里生发壮大。因此，让林徽因极为受用。他予她呵护，她还他温柔；他予她情，她还他信；他予她山盟海誓，她还他长相厮守。

所谓“琴瑟之好”，大约就是如此。

二人热恋之时，常在北海公园相会。当年，北海公园新建成了松坡图书馆，梁启超任馆长，梁思成便从父亲那里得来一把钥匙，占得了这幽谧之地，用来与林徽因浓情独处。两人与书为伴，无须言语，便有默契。想来那一段时光，当真温柔曼妙。

可是，徐志摩不甘心。

徐志摩按捺不住心中情动，时常到松坡图书馆来找林徽因，置彼此处境于不顾。直到梁思成与林徽因独处时贴便条于门上，明言勿扰，徐志摩方才作罢。一段情，总是需要一个契机来突破，去往更深处。林、梁二人情定终身，与梁思成的一场车祸关联极大。

1923 年五九国耻日前夕，梁思成与弟弟梁思永骑摩托车上街参加国耻示威游行。却不想，骑车行至长安街时，被国务院权贵金永炎的汽车给撞了。弟弟梁思永伤轻，不几日便出院。但梁思成极其不幸，经此一劫，落下残疾。

因筋骨大伤，梁思成的左腿比右腿短出小小一截，成为终生遗憾。但他也不是运命极坏，经此一难，那个世人皆叹赞仰慕的女子竟日日守在他身边，悉心照料，心无顾忌。情越深，爱亦越浓。极有可能在那时，她隐隐在心中生发了与其相依白头的意思。

至此，两人的关系方才确定下来。

这一年，她住进他的城。

05

夏 花

1924 年 4 月，拉宾德拉纳特 · 泰戈尔来到中国。

我旅行的时间很长，
旅途也是很长的。

天刚破晓，
我就驱车起行，
穿遍广漠的世界。
在许多星球之上，
留下辙痕。

离你最近的地方，
路途最远，
最简单的音调，
需要最艰苦的练习。
……

泰戈尔的《吉檀迦利》，平静、质朴，却饱含无限深意。仿佛栀子花茶盛于青花瓷碗，分明寻常，却又古意盎然。或许，正是泰戈尔作品当中的此种清寂又深阔的意境令世人着迷。而为之着迷的人里，自然包括林徽因、徐志摩等当时一批进步的文艺青年。

泰戈尔，1861年出生于印度加尔各答。1913年因抒情诗集《吉檀迦利》成为第一位获得诺贝尔文学奖的亚洲人。当泰戈尔的秘书恩厚之在北京与徐志摩等人谈及泰戈尔有意访华时，众人惊喜，对此事万分重视。

原本梁思成计划1923年赴美留学，因遭遇车祸无奈推迟。此时，林徽因也因照顾梁思成，反倒可以修完自己的中学课业。故而，印度诗人泰戈尔访华时，林徽因有幸参与陪同。世事之变，多难预料，计划不及变化之莫测。

徐志摩与主张将外界思想家的观点引入中国的讲学社商谈，确定了泰戈尔访华事宜。是年，4月，泰戈尔终于来华抵沪。此次访华成功，徐志摩起到了至关重要的作用。当日，接待泰戈尔的人都是中国的文化名流，而徐志摩担任泰戈尔访华期间的翻译。

讲学社是由林徽因的父亲和梁思成的父亲共同策划的组织，所以，从4月12日泰戈尔抵华之日到5月30日泰戈尔返印这期间，徐志摩与林徽因有了极为难得的相处时间。

4月23日，泰戈尔来到北京，林徽因参与了接待工作。25日，林徽因与其他名流一起陪同泰戈尔游北海。26日，游法源寺。27日，游故宫。28日，游天坛……

这段时间，林徽因陪同泰戈尔的行程安排得极满，徐志摩与林徽因也卷入流言之中。可林徽因很坦荡，从未因传闻而与徐志摩刻意生分疏远，令人赞叹。

游天坛那日，泰戈尔有演讲，但演讲地点被临时更换为先农坛。林徽因、徐志摩似金童玉女一般陪在泰戈尔左右，可谓是一幅妙丽景致。后来，有人用一段令人极心动的话来描述当日的场景：

林小姐人艳如花，和老诗人挟臂而行。加上长袍白面、郊寒岛瘦的徐志摩，有如苍松竹海的一幅三友图。徐志摩的翻译，用了中国语汇中最美的修辞，以硖石官话出之，便是一首首的小诗，飞瀑流泉，淙淙可听。

凝想当日旧景，实在美妙。

5 月 8 日，泰戈尔六十四岁诞辰。众人为泰戈尔在北京协和小礼堂举办了一场极特别的祝寿会。当日，胡适当主持，梁启超发表祝寿演说，最后泰戈尔致谢词。众人另备有名画、古瓷数件赠予泰戈尔，并赠泰戈尔一个中国名和刻有名字的印章，曰“竺震旦”。

众人皆知泰戈尔喜欢看自己写的戏剧。因此，当晚林徽因等人演出了泰戈尔根据《摩诃婆罗多》书中一段故事改写成的诗剧《齐德拉》。林徽因饰演女主角齐德拉公主，徐志摩、林长民等人也参与了演出。关于此事，当时的北京《晨报副刊》报道说：

林宗孟（按，即林长民）君头发半白还有登台演剧的兴趣和勇气，真算难得。父女合演，空前美谈。第五幕爱神与春神谐谈，林徐的滑稽神态，有独到之处。林女士徽音，态度音吐，并极佳妙。

后来，他们又在开明戏院演出了《洛神》。泰戈尔访华，虽受到了梁启超、林长民、徐志摩、胡适等人的热忱招待，但因彼时社会环境极复杂，也不免受到一部分人的奚落和反对。人性好恶，最难揣度。事事如此，从无例外。

其间，林徽因和徐志摩频繁接触，致使徐志摩再度难捺心中情动，甚至将内心的那些情爱之脉络悉数告之泰戈尔。他依然心有不甘，想从梁思成的手里将她夺走。泰戈尔甚至替徐志摩游说林徽因，却被林徽因婉拒了。

她磊落清明，知进知退。徐志摩和梁思成，在林徽因心中是有分别的。她和徐志摩，从伦敦开始，也在伦敦结束，不过那只是女学生对名士的敬仰之情。或许她也有过心动，可那真的是爱吗？不是。从前并未爱上，以后仍然不会。而她所依所傍，想与之相恋相守的，只会是梁思成。喜欢与爱，对林徽因而言，从来都是两回事。

5 月 20 日，泰戈尔离京赴太原。

徐志摩是翻译，自然随行。临行前，徐志摩从林徽因处得到消息，不久，她便会随梁思成一起赴美留学。那日，徐志摩与泰戈尔的秘书恩厚之同坐于车厢内，见窗外人群熙攘，独有她，冷清清地立在一旁，不作声，只是微微地向他笑，向他们笑。刹那，他便觉心痛至毁。

连笑，也并非独独为他。

他的爱，想要给，却给不出。他想写点什么给她，却被恩厚之好意拦下。一封信撕扯致残，他道：“这两日我的头脑总是昏沉沉的，开着眼却只见大前晚模糊的凄清的月色，照着我们不愿意的车辆，迟迟地向荒野里退缩。离别！怎么能叫人相信？我想着了就要发疯。这么多的丝，谁能割得断？我的眼前又黑了！”

他不怪她，只怪自己过于爱她，爱到念及她，便觉眼盲、心毁、人世黯淡。他也明白，她这一走，便是彻彻底底地失去了，再渺茫的机会也不会再有。谁不曾爱过那样一个人，爱到万劫不复，爱到以为此生再不会有另外的人可以重燃昔日那死灭如灰的心。

他们都是给过心的。

他（徐）给了她（林）。
她（林）给了他（梁）。

有些人，哪怕远隔万水千山，
也终将会面。

喜欢你是寂静的

贰

人生如离合盛宴

06

双　飞

世间苦甘，亲身亲历，方知其味。

1924 年 6 月，梁思成因车祸耽搁的留学之事重启，恰逢林徽因完成培华女中的学业，正好相伴，同赴彼岸。7 月，两人抵达美国后，利用暑假时间在康奈尔大学补习了几门功课。林徽因选修户外写生和高等代数，梁思成选择了户外写生、三角和水彩静物的课程。

9 月，两人正式入宾夕法尼亚大学读书。

林徽因和梁思成入学之前便已立志要献身建筑。林徽因此念头始于 1920 年与父亲游居伦敦之时。当时公寓的女房东即是一名建筑师，与她的接触，让林徽因第一次感受到了建筑艺术之美，心向往之，且越笃定。梁思成有此念头，则是因为林徽因。

梁思成曾说：“当我第一次去拜访林徽因时，她刚从英国回来，在交谈中，她谈到以后要学建筑。我当时连建筑是什么还不知道，徽因告诉我，那是包括艺术和工程技术为一体的一门学科。因为我喜爱绘画，所以我也选择了这个专业。”

建筑是二人的共同理想和追求。林徽因感性，一如众家小女子，脾性细腻，又因为鹤立鸡群，所以难免任性。梁思成恰恰是个沉着理性又有极好脾气的人。两人偶尔也会吵吵闹闹，但正是在这三言两句之拌嘴牵系之中，他们的情意越发深浓。

相爱不易，相守难得。
如脾性互补，那便更好。
还能志趣相投，必是佳话。

林徽因与梁思成，就是如此。

因建筑系学生需常常熬夜作图，考虑到女生的体质，当时的建筑系便不招女生，是个遗憾。不过，林徽因还是选了与建筑相关的美术系，并选修了建筑系的课程，因此，二人能够常常做伴上课。

宾夕法尼亚大学是全美最好的三所大学之一，有非常好的硬件设备和学风。在这样优质的进修环境当中，二人学业精进，亦过得自由快乐。彼此相扶相助，度过了几年美好的时光。**最好的相伴，就是成就更好的彼此，遇见更好的自己和更好的你。**

这几年，两人情之欢爱之喜的背后，藏匿着旁人所不能体悟的艰辛和痛楚。他们携手度过了最幽暗的时光。两人的至亲相继离世，成了对他们长久互爱的最大考验。再回看时，彼岸之密布荆棘终究化作安稳平定，恰似那日的她与他执手走过蔷薇花丛。

这年 9 月，梁思成的母亲李惠仙因乳癌病逝。其实在二人赴美之前，李夫人已是重病在身。李夫人终未因自己的身体而绊住儿子。直到病逝，也未召回儿子，让他在床前尽孝。这是梁思成的一处痛，亦是二人的第一难。

1925 年 12 月，林长民因战乱在异乡遇难。当时的政治环境复杂，长民至死仍未寻得理想之着落。1925 年，直奉战争爆发，林长民入奉军郭松龄部做幕府，11 月 30 日参与郭松龄反张作霖兵变时不幸中流弹身亡。此为林徽因的一处痛，亦是二人的第二难。

林徽因从梁启超写给梁思成的信中得知父亲遇难一事。父亲走了，对林徽因而言，犹如天塌了一半，举目阴霾。此事对林徽因刺激极大，林徽因中途数次欲弃学回国，却被梁启超阻止。梁启超是个好人，视林徽因为己出，是真真正正地对她好。梁启超曾在信里说：

我和林叔的关系，她是知道的，林叔的女儿，就是我的女儿，何况更加以你们两个的关系。我从今以后，把她和思庄（按，梁启超二女儿）一样看待，在无可慰藉之中，我愿意她领受我这种十二分的同情，度过她目前的苦境。

林长民平生廉洁，死后只留下三百余元现钱，因此，林徽因及在国内的母亲均断了经济来源。但有梁启超在，他不会亏待她们母女二人。虽然当时梁家并不是极宽裕，但梁启超仍将自己每月两千元的薪水给了林徽因的母亲，并承担了林徽因在外留学的全部费用。

梁启超，成为她们最后也是最重要的精神支柱。

庆幸，梁启超还在。只有念及尚有他在，这对年轻人才会得到勇气、感到踏实。如是两年，1927年6月，林徽因于宾夕法尼亚大学美术学院毕业，获得学士学位，并成为建筑系的建筑设计课兼任讲师。梁思成获得宾夕法尼亚大学建筑硕士学位。

1927年9月，林徽因和梁思成毕业，二人一起在Paul.P.Crade建筑事务所实习。之后，林徽因又进入耶鲁大学戏剧学院，师从G.P.帕克教授，成为中国第一位在国外学习舞台美术的学生。

那年，她随他一起来到这异国，尚是骄矜小姐。经年之后，两人相持相伴，执手患难，她已长成铿锵女子。她与他之间日渐深刻的羁绊，终于到了要幻化结果的时刻。苦难，理应被尊重。它会令人破土而出，长成更加坚韧和顽强的样子。

1927年12月18日，梁、林两家为二人在北京订婚。次年，3月21日，梁思成与林徽因结婚。婚礼在加拿大温哥华梁思成的大姐梁思庄家中举行。林徽因上下打点，亲力亲为，为这一生一世至为重要的日子劳碌不止。不过，辛苦也欢愉。

当时，林徽因还特地为自己设计了一套东方式的结婚礼服，领口、袖口配有宽条彩边。头饰上有嵌珠，左右垂落彩缎各二。她的装扮极美。当地报纸报道之后，引起不小的轰动。尽人皆知，有东方女子，佳美如是。二人琴瑟之和，恰似梁思成之弟梁思永所笑撰之对联：

上联：林小姐千妆万扮始出来

下联：梁公子一等再等终成配

横批：诚心诚意

07

连　枝

且将新火试新茶。
诗酒趁年华。

那年，二人结婚，梁启超曾写信致新人。

老人说：

“……一家的冢嗣，乘此大礼，老人欣悦情怀可想而知。尤其令我喜欢者，我以素来偏爱女孩之人，今又添了一位法律上的女儿，其可爱与我原有的女儿们相等，真是我全生涯中极愉快的一件事。你们结婚后，我有两件新希望：头一件，你们俩体子都不甚好，希望因生理变化作用，在将来健康上开一新纪元。第二件，你们俩从前都有小孩子脾气，爱吵嘴，现在完全成人了，希望全变成大人样子，处处互相体贴，造成终身和睦安乐的基础。这两种希望，我想总能达到的。”

书香门第里的名士淑媛总要比寻常人家的年轻人多得几分瞩目。父辈的荣耀让梁、林二人初入世已成半分传奇。二人循着老人的寄望，一步一步，并肩生活，走向遥远路途。1928年，春末夏初，林徽因和梁思成依照梁启超定制的大约路线，开始了欧洲蜜月之旅，兼以考察欧洲建筑。

依照梁启超的遵嘱，两人先到英国，后折往瑞典、挪威，再入德国，经瑞士，赶往意大利，最后至法国或是西班牙。另外，“中间最好能腾出点时间和金钱到土耳其一行，看看回教的建筑和美术，附带着看看土耳其革命后政治”，以此来完成这一场蜜月旅行。

在英国。

他们去了圣保罗大教堂。圣保罗大教堂建于604年，17世纪末完筑。它是英国第一大教堂、世界第五大教堂。圣保罗大教堂是少数设计、建筑仅由一人完成，而非历经多位设计师、建筑师的教堂之一，它出自著名建筑师雷恩爵士之手。

他们去了海德公园。这里是昔日亨利八世的养鹿场、查理一世的赛车和赛马场。公园里的水晶宫令林徽因印象深刻。她说：“从这座建筑，我看到了引发新的、时代的审美观念最初的心理原因，这个时代存在着一种新的精神、新的建筑，必须具有共生的美学基础，水晶宫是一个大变革的时代标志。”

在德国。

他们去了圣彼得堡大教堂。这是世界上最高的教堂之一，中世纪哥特式建筑艺术的杰出代表。从1248年到1880年，耗时632年才建成。教堂中央有两座尖塔，周围林立无数小尖塔，极其壮观。

他们还去了爱因斯坦天文台、包豪斯学院。包豪斯学院以专门培养建筑师著称。学院的建筑以不对称的形式表达出时间和空间的和谐性。林徽因极喜欢，当时便说学院的建筑群终有一日会蜚声世界。日后，她去东北大学教学时，便曾以其为案例，讲给学生听。

在瑞士。

他们去了阿尔卑斯山和日内瓦。日内瓦是艺术之城，山水环绕，古迹遍布，令人忘返。有罗纳河穿城而过，河中又有卢梭岛，岛上筑有大师卢梭的铜像。日内瓦亦有“钟表之都”的美誉，它是往来游人皆会慕名拜访之地。在这里，每一步都是对艺术的朝拜，每一眼都是对风流的抓拍。

在意大利。

他们去了角斗场。林徽因后来谈及角斗场时说道：“罗马最伟大的纪念物是角斗场，是表达文化具体精神的东西，文艺复兴以来，与以后的建筑观念中，最重要的一部分，就是建筑的纪念性。”结束意大利之旅后，他们去往威尼斯，并由水路抵达法国。

在法国。

他们去了凡尔赛宫。凡尔赛宫位于法国巴黎西南郊外伊夫林省省会凡尔赛镇。它是昔日法王路易十三的狩猎行宫，日后作为法兰西宫廷长达107年。凡尔赛宫是西方古典主义建筑的杰出代表，1979年被联合国列入《世界文化遗产名录》。

他们还去了卢浮宫。卢浮宫是法国最大的王宫建筑，世界上最古老、最大、最著名的博物馆之一。它是举世闻名的“艺术殿堂”，里面收藏了无数艺术奇珍。当中最著名的自然是“卢浮宫三宝”：米洛斯岛的《维纳斯》、古希腊的《萨莫色雷斯的胜利女神》和达·芬奇的名画《蒙娜丽莎》。

在西班牙。

他们去了阿尔罕布拉宫。它是西班牙著名的宫殿，是中世纪摩尔人为格拉纳达王国建立的王宫。“阿尔罕布拉”，阿拉伯语意为“红堡”。它是西班牙所有古迹中的精华，有“宫殿之城”和“世界奇迹”之称。阿尔罕布拉宫始建于 13 世纪阿赫马尔王及其继承人统治期间。1492 年，摩尔人被逐出西班牙后，此宫殿开始荒废。1828 年，在斐迪南七世的资助下，经建筑师何塞·孔特雷拉斯及其子孙的修缮，才恢复原有风貌。

以上行迹，二人留下的相关文字极少，唯有照片、水彩画、速写画若干，最终只有照片和一张水彩画被保存了下来。另外，也只有西班牙阿尔罕布拉宫的游历过程，林徽因曾和学生谈话时提起过。旅途，是隐藏秘密最深的地方。他们不愿与外人道的，或许便是私密的浪漫。

林徽因说，那日他们抵达西班牙格兰纳达市时已是下午，错过了去郊区参观阿尔罕布拉宫的旅游末班车。二人难耐心中热望，便雇了一辆马车前往阿尔罕布拉宫。遗憾的是，当他们抵达时，已经闭宫。旅行之美，有时候不在圆满，而在未完。

然而，二人并未放弃，他们与守门人几番沟通交涉之后，守门人被他们的热忱打动，同意他们入宫参观，并愿意做导游，一路陪同他们。他们二人既感动又觉得意外。关于当时二人所见之宫殿景致，学者陈学勇曾在著作当中描述道：

长方型的主体石榴院和狮子院互相垂直矗立在不高的山上，俯视着浓郁树丛和蜿蜒红墙。石榴院用于朝觐，狮子院供妃嫔居住，一肃穆，一奢华。游人散尽，石榴院内长条水池涟漪闪烁，波动着天上的群星。周围月色氤氲，给他们以梦幻般的游仙感受。狮子院十二个石狮，个个生气勃勃又似躁动不安。

那日，二人游览完毕之后，返程时已是月朗星稀。借着那凛冽月光，再回望古老的阿尔罕布拉宫，林徽因忽然有点哀伤。那是一种难以言表的感怀。大约如她所言，只有词帝李煜的那一阕《破阵子》才能将之表达得透彻、淋漓。

四十年来家国，三千里地山河。
凤阁龙楼连霄汉，玉树琼枝作烟萝。
几曾识干戈？

一旦归为臣虏，沈腰潘鬓消磨。
最是仓皇辞庙日，教坊犹奏别离歌。
垂泪对宫娥。

1928 年 3 月 13 日，梁启超病倒，发电报给二人，盼之回国。彼时，梁启超是二人最大的精神倚仗，没有任何事情比梁启超更重要。且不说有一日梁启超会离开，哪怕是一场病，也是二人心中难以抹去之痛。两人立刻中断原本极其丰富的旅行计划，辗转至莫斯科，乘火车回国。

08

故 园

旅途遇知音，春风三千里。

回国的旅程是漫长的，要穿越那极广袤的西伯利亚，才能抵达中国北方。庆幸的是，在莫斯科乘火车回国时，梁思成、林徽因夫妇结识了想去一探中国文明风情的一对美国夫妇：查理斯和孟德利卡·查尔德。

1980年，这对美国夫妇曾专门撰文数千字来纪念自己与梁林夫妇相识相知的过程。他们说，当日初见二人时，他们立在喧嚣拥挤的人群里，仿佛周身有光，是那么耀目、那么特别。旁人那样吵嚷，二人却优雅地立于其中。你一眼便会注意到他们，并久久难忘。

两对人一路做伴，互慰寂寥，经沈阳、大连、天津抵达北平。缘妙若此。缘来之时，隔绝不断；缘去之日，亦守留不得。此去经年，两对人终生亦未再见。但这一趟旅行，给美国夫妇留下了终生无法抹灭的印象。旅途中，难忘的总是人，多于景。

1928年8月，林徽因与梁思成抵达家中。

已暌违四年，梁启超再见这儿媳，仍是赞不绝口。他说："新娘子非常大方，又非常亲热，不解作从前旧家庭虚伪的神容，又没有新时髦的讨厌习气，和我们家的孩子像同一个模型铸出来。"可见，梁启超对林徽因是喜爱至极的。

梁启超一生磊落，待人待事总求周全。在儿子和儿媳回国之前，他便已经在考虑二人的工作安置问题了，他亲自为此事奔波了好一阵子。为人父母，哪怕是梁启超也不例外，总想着为子女做多一点贡献。父母之心，令人感叹！

当时，梁启超为梁思成提供了两个选择：一个是去清华大学；另一个是去东北大学。不过，去清华大学任教，需要特别为梁思成增设建筑图案讲座这门课，校长不能擅自做主，需要学校评议会投票决定，因此，入清华并不是一件容易的事。

此时，东北大学创办了中国第一个建筑系，邀请了同样毕业于宾夕法尼亚大学的杨廷宝任系主任，然而杨廷宝此前已经接受了一家公司的聘请，不愿失信反悔，因此，他再三思考，向东北大学推荐了学弟梁思成。东北大学对梁思成任教一事非常欣慰。

在此情形下，梁启超权衡再三，心里便有了数。儿子尚未归来，机会亦不会等人，因此他当机立断，便替儿子做了决定。听上去是父母专权，可在那个年代，这已经是病中的梁启超能够做到的最好的程度了。

回国之后，梁思成在北平稍作停留，便马不停蹄地赶赴沈阳筹建东北大学的建筑系。林徽因则赶往福州看望母亲。母亲在父亲去世之后便离开了北平，回到福州老家。9 月，暑期过后，林徽因方才带着母亲到沈阳与梁思成会合。

林徽因在福州时，受到了私立法政专科学校同人的热烈欢迎。这所学校是她父亲当年创建的。当时，她应邀为福州乌石山第一中学作了题为《建筑与文学》的演讲，还为仓前山英华中学作了题为《园林建筑艺术》的演讲，并为叔父林天民设计了福州东街文艺剧场。

经此一别，林徽因再也未能回到故乡，那座文艺剧场也成为林徽因留在故乡的唯一纪念。而今，连这座剧场也不复存在了。岁月沧桑，总见决绝。经年之后，人已不是那人，物亦不是那物，心中的牵念也变得稀薄、脆弱，不堪负重。

彼时，东北大学的建筑系刚刚创办，老师只有他们夫妇二人。听上去有些寂寞，不过也给了他们很大的发展空间，他们可以完全不用被旧思维所束缚，创造出新的东西来。林徽因讲授雕饰史和建筑设计，后来又讲授专业英语。两人采用的是英美式的教学方法，很受学生欢迎。

林徽因素来聪慧，经过多年打磨和浸淫，她已然成为知识渊博的新时代女性。她对待学生总是竭尽心力，虽然体弱，但是仍旧不辞劳苦，经常熬夜指导学生作图。谁会料到，那么娇弱的身躯里居然深藏着无限的力量。她有时犀利，有时温柔，令人钦赞！

沈阳是古城，古建筑尤其是清代的皇室陵寝颇多。林徽因重视实地考察，所以也常常将学生带到昭陵和沈阳故宫进行实地授课。除此之外，她与梁思成也经常外出，一处接一处地考察。所以，那段时间他们虽然辛苦，却也是非常快乐的。

是年 11 月，夫妻二人接到电报，梁启超病重入院。此时的梁启超已虚弱到无法伏案工作。

其实，早在林长民去世之时，梁启超的身体便已出现病症，时常尿中带血。直到 1928 年早春，梁启超在协和医院查出自己的一个肾发生了病变。3 月，梁启超做了手术，切除了发生病变的肾。但不想，身体却未见好转，一直恶化，直至无法工作，时刻有生命危险。

1929 年 1 月，梁启超病危。1 月 19 日，辞世，终年五十六岁。林徽因和梁思成终究还是失去了最后的精神支柱。

当时，林徽因虽已身怀六甲，但仍旧悉心料理丧事，唯恐旁人做得不够周全。因为她知道，梁启超之于她，犹似生身之父，恩重如山。而今，他去了，这世间，除了母亲和丈夫，她再无可依之人了。

然而，关于梁启超之死，远没有听上去那么简单。1971 年，梁思成竟从当年的知情人士口中得知了一个令人心碎的真相。

当年，梁启超在协和医院确诊之后，被告之右侧的肾脏坏死，需要切除。不料，在做手术时，粗心的护士将切口线画错了地方，标在了左侧。执刀医生也未细心察看，致使左侧的健康肾脏被切除，坏死的肾脏未被摘除，才导致梁启超久治不愈，终致早逝。

令人憾恨!

梁启超的后事结束之后，林徽因和梁思成回到沈阳。孕中的林徽因坚持负累工作，亲自设计了东北大学“白山黑水”的校徽图案。这年夏日，建筑系终于增添了三名教职员，分担了梁林二人的重担。他们分别是陈植、童雋和蔡方荫，都是宾夕法尼亚大学的优秀毕业生。

1919 年 8 月，林徽因回到北平，在协和医院生下了长女。原本，梁启超应该有个膝下承欢的晚年，奈何岁月不宽宏。林徽因终究没能献给梁启超一句“最好的再见”。所有怀缅，都暗藏亏欠。为纪念已故的梁启超，梁林二人根据他的书房雅号“饮冰室”，给长女取名“再冰”。

梁再冰。

09 爱眉

女子成母，是新生。

林徽因做了母亲之后，身心焕然。无奈她的身子更弱了，愈加不宜生活在寒冷干燥的东北。又因常与烟不离手的男同事一起工作，最终患上了肺结核病。1930 年的冬天，她不得不停止教学，在梁思成的陪同下回到北平，定居静养。

起初，他们在梁思成大姐的家中借住了一段时间，后搬入东城米粮胡同。胡适、傅斯年、陈垣皆居于此处。风流人物齐聚，想来甚有诗意。因租的住房狭窄拥挤，不久他们再度搬迁，移居至著名的北总布胡同三号院。

这是一套二进四合院，房间拢共四十余间。里院与外院之间隔着垂花门，院里栽着丁香、海棠、马缨花。窗户皆换成了林徽因亲自设计的木格窗棂，窗纸换成了透光的玻璃。客厅里挂着梁启超手书的条幅，上书“清水出芙蓉，天然去雕饰；白鸥汲浩荡，万里谁能训”四句，可谓家中一景。

此时，林徽因与徐志摩重新开始走动。之前，两人仅在梁启超病重时见过一次。林徽因回到沈阳之后，两人几无交际。在徐志摩看来，林徽因的人生业已尘埃落定，与其怀念，不如相忘于江湖。

而今，两人重聚。在徐志摩的眼中，林徽因虽依旧是天上璧人，但彼此的境遇亦不似从前。林徽因已身为人母。徐志摩亦再婚，妻子是名满京华的名媛陆小曼。此前，林徽因出国不久，徐志摩便与陆小曼结识。大约也是一眼看过去，便觉得彼此处处都好，于是两人迅速坠入爱河。

1925 年 3 月，徐志摩任北京大学教授，因与陆小曼相恋一事遭受非议，在压力之下便选择辞职漫游欧洲，舒缓内心之不安情绪。陆小曼与徐志摩相爱之时尚是王赓发妻，徐志摩再次以第三人的身份出现在别人的关系里。当时，陆小曼亦处于不知何去何从的艰难境地。在这段感情里，二人均承受了极大的社会舆论压力。

徐志摩虽远赴欧洲，但依旧约定跟陆小曼纸上谈情。那时，徐志摩写：“我有你什么都不要了。文章、事业、荣耀，我都不要了。诗、美术、哲学，我都想丢了。有你我什么都有，抱住你，就好比抱住整个宇宙。” 实在是个热烈的人。《爱眉小札》便是在这如火焚心的热情之下诞生的。

人在爱时，总是会变成孩童。喜形于色，爱形于色。直接、赤裸，极是纯真。尤其是像徐志摩这样以爱为食之人，每每爱上，必动干戈。想来他是一个不愿藏着掖着的人。陆小曼与丈夫离婚之后，徐志摩不管不顾，立刻向陆小曼求婚。爱之真切浓烈，汹涌于世。

陆小曼，自由、活泼、大胆。她的孤烈性子在当时是不为传统礼教所容的。她烟视媚行于世，从不将闲杂人等放在眼里。徐志摩的父母对这个儿媳极不满意，勉强答应婚事，也有严苛条件为前提：一是要求徐志摩请老师梁启超证婚；二是不予经济支持；三是婚后必须南下，住在老家硖石。

1926 年 8 月 14 日，徐志摩和陆小曼在北京北海公园举行了订婚仪式，愈百位朋友均到场庆贺。远远看着，也是甚有排场，众人都给面子。然而，对这桩婚事，在喜庆的表面之下，宾客们的心中皆有自己的评断。是年，10 月 3 日，两人举办结婚典礼，梁启超证婚，胡适当介绍人。

当时的梁启超身体尚好，原本对这桩婚事亦是不满，经过胡适和张彭春的反复游说，方才勉强答应当证婚人。梁启超对徐志摩行事冲动的性子甚是不悦，对陆小曼的为人也颇有微词。可是，他对林徽因又存了私心，因此才应承下来。

婚礼当日，梁启超便在致证婚词时做了一件震惊满座的事。他当众严斥二人道："徐志摩，你这个人性情浮躁，所以在学问方面没有成就；你这个人用情不专，以致离婚再娶……以后务要痛改前非，重新做人。"又说，"你们都是离过婚的，重又结婚的……祝你们这次是最后一次的结婚！"

不过，梁启超对徐志摩真的很关心，一如他日后所说："我又看着他找到这样的一个人做伴侣，怕他将来痛苦更无限，所以想对于那个人当头一棒，盼望她能有觉悟（但恐难），免得她将来把志摩弄死，但恐不过是我极痴的婆心罢了。"

事实上，正如梁启超所预料的一般，陆小曼到底是负了徐志摩的满满痴心。婚后，陆小曼依如从前，挥金如土。徐志摩的父母对儿媳不满，经济上不愿给予支持。母亲去世之后，父亲与他的关系更加紧张。说起来，在“爱”这件事上，陆小曼比徐志摩更加任性。

她从来不想变成谁的贤妻良母。

当年，徐志摩为了满足陆小曼的日常开销，身兼数职，弄得极疲惫。即便如此，陆小曼并未收敛。原本疾病缠身的她甚至吸上了鸦片。虽然吸食鸦片的初衷是为了治病，但上瘾之后代价非常大。因此，徐志摩的生活日渐窘困。与陆小曼定居上海之后，徐志摩甚至到了“穷得寸步难移”的地步。令人唏嘘。

即便如此，徐志摩依旧深爱着陆小曼。他心里很失望，亦有人前来相劝，说不如离婚少些折磨的好。徐志摩不愿意，他说：“我不能因为只顾自己而丢了她。”说得令人心碎。**他是真心想要拼了命地对她好的。虽那生活已支离破损，虽那温柔已日渐式微。**

说什么以往，
骷髅的磷光。

林徽因回到北平定居北总布胡同三号院之后，徐志摩终于有了一丝生气，常来此走动。此时，他对林徽因的感情也已升华，再不局限于浊世男欢女爱之诉求，而是觉得她是一个伴，一个可执手走过长路、不弃不离之旅伴。他们是莫逆之交，是知心之人。

他如今需要的只是熹微之光明。

1931 年 2 月，林徽因肺结核病情恶化，被迫移居香山疗养。徐志摩依然常与众友人来相伴。梁思成与徐志摩的关系也开始好转。昔年意气风发的徐志摩，昔年只爱风花的徐志摩，昔年不沾烟火的徐志摩，如今落难了。梁思成看在眼中，也觉得心疼。看过去，也是极好的三个人。

原都以为，这一切会久长。

10

斯　人

我是天空里的一片云，
偶尔投影在你的波心——
你不必讶异，
更无须欢喜——
在转瞬间消灭了踪影。

你我相逢在黑夜的海上，
你有你的，我有我的，方向；
你记得也好，
最好你忘掉，
在这交会时互放的光亮！

世人都说这首《偶然》是徐志摩写给林徽因的。不是不可信的，只是，林徽因没有料到，如许风华的男子，会有一日离她而去，绝世而走。没有告别，没有背影。她不能爱他，可是敬慕始终，从未待他如寻常路人。她在心里看重他。这么多年，早成知己。

1931年9月下旬，林徽因结束了香山疗养的日子，回到北总布胡同。平日里，她会常见到徐志摩，直到11月10日。那日晚上，林徽因应邀出席欢迎英国女作家凯瑟琳·曼斯菲尔德的姐夫柏雷博士的茶会，因此并不在家，又恰逢梁思成因事外出。

待林徽因回家之后，用人告诉她徐志摩刚刚来过，因家中无人，喝了一壶茶，便走了。他走前留了一张字条给林徽因，上书："定明早六时飞行，此去存亡未卜……"原本也不过只是寻常留书，林徽因过于敏锐，总愿周全。

于是，她便致电徐志摩，询问情况。接到林徽因电话，心知对方挂虑，徐志摩做了稳妥解释。告别之时，林徽因提及自己19日晚在北平协和小礼堂有个演讲，徐志摩听后说自己是定然要去的。

或许，连徐志摩自己也不曾想过，这一通电话竟成为二人此生最后的对谈。他分明说了，要去的。他与林徽因哪怕已成君子之交，也依然会言出必行，绝不潦草。可是，这一次，他食言了。林徽因从徐志摩处得到了一个永生无法兑现的诺言。世间情来情往，最哀伤的事，莫过如此。

11月11日，离京之前，徐志摩还去看望了冰心、凌叔华等友人。当日，便乘张学良的专机飞抵南京。在友人张欣海、韩湘眉夫妇处稍作停留之后，于13日乘车到上海。旅途总是疲惫，徐志摩辗转到家之时，竟觉得心中无期许。说到底，陆小曼对他无心的折磨，终究令他有些倦了。

1930年上半年，徐志摩在上海光华大学和南京中央大学任教，后光华大学闹风潮，徐志摩离职。1931年2月，应胡适邀请，徐志摩去北京大学任教，并兼任北京女子大学的教授，工作量不可谓不大。诸般一切，也不过是为了多些薪水，让陆小曼过得好些。因此，他不得不时常南北往返。

那个年代，交通远不如而今发达。徐志摩一季当中往返多达八次。这给原本极窘困的家又增加了开支。这一回，徐志摩本打算劝陆小曼随他移居北平的。不曾想，陆小曼坚决不肯，两人还发生争执。徐志摩从不轻易与陆小曼吵嘴。他不忍，也不愿，更不舍得。

11 月 17 日，徐志摩只能再次返京。18 日，他乘车到南京，因当日京津地区戒严，列车通行不便，所以徐志摩便决定乘飞机回北平。恰恰他的口袋中有一张前些日子友人保君建送的免费机票。19 日，徐志摩搭乘中国航空公司“济南号”飞机北上返京。

十点十分，飞机抵达徐州加油站。彼时，窗外尚是朗朗晴天，飞机上只有他一个乘客，他独自望向窗外，广天广地之间，入目皆是明媚，只是一切落入他的眼里，却映出沧桑。那是一种自心底生发的孤凉。他不知道，为何自己会走到这一步。从林徽因到陆小曼，他一生所求，无非是爱之浪漫。

然而，终不能得。

十点二十分，飞机继续飞往北平。一分一秒过去了，他距离北平越来越近。那种“近”，也如往日，那么寻常。可是，飞行至山东省境内党家庄一带时，忽遇大雾，进退不能，致使飞机触山顶倾覆，机身着火，机油四溢，熊熊不能遏止。两名飞行员和徐志摩全部遇难身亡。

行前，徐志摩还特地发了一封电报与林徽因，告之飞机抵达时间。当日，林徽因和梁思成早早便在机场等候接机，却不想，过了约定时间，仍迟迟不见航班抵达。直到次日，方自《晨报》得知飞机失事的消息。21日，《新闻报》确证了徐志摩的身份。林徽因闻讯，当场昏厥。

失去他，她便失去了一部分世界。

十一月十九日，我们的好朋友，许多人都爱戴的新诗人，徐志摩突兀的，不可信的，惨酷的，在飞机上遇险而死去。这消息在二十日的早上像一根针刺猛触到许多朋友的心上，顿使那一早的天墨一般地昏黑，哀恸的咽哽锁住每一个人的嗓子。

志摩……死……谁曾将这两个句子联在一处想过！他是那样活泼的一个人，那样刚刚站在壮年的顶峰上的一个人。朋友们常常惊讶他的活动，他那像小孩般的精神和认真，谁又会想到他死？

突然的，他闯出我们这共同的世界，沉入永远的静寂，不给我们一点预告，一点准备，或是一个最后希望的余地。这种几乎近于忍心的决绝，那一天不知震麻了多少朋友的心？现在那不能否认的事实，仍然无情地挡住我们前面。任凭我们多苦楚的哀悼他的惨死，多迫切的希冀能够仍然接触到他原来的音容，事实是不会为体贴我们这悲念而有些须更改；而他也再不会为不忍我们这伤悼而有些须活动的可能！这难堪的永远静寂和消沉便是死的最残酷处。

十余日过去后，她方才颤抖地写下了这篇《悼志摩》。12月7日，这篇文章在《北平晨报》上发表。他若离去，竟是后会无期。她忽然想到了身边已经去世的亲人，想到了当年的父亲。去时，匆匆急急，不留半点余地。不过刹那，便与她永远隔绝。

发文前一日，即12月6日，徐志摩丧礼之后，北平文化界举行了徐志摩追悼会。会场由梁思成和林徽因二人布置，与会者多达两百五十余个。令人心寒的是，徐志摩去世后，陆小曼竟拒绝认领徐志摩的遗体。无人知道是何缘故。愧疚吗？抑或是别的什么？比如她无法以这样的方式来与徐志摩见面。

陆小曼是真的做不到。

后来，徐志摩的发妻张幼仪回顾徐志摩一生所遇之女子，说道："如果她（按，林徽因）爱徐志摩，为什么在他离婚后，还任他晃来晃去？那叫做爱吗？"她也知道前提是"如果"。提及陆小曼时，她说："人们说陆小曼爱他，可我看了她在他死后的作为（拒绝认领遗体）后，我不认为那叫爱，爱代表善尽责任，履行义务。"

林徽因不是不"爱"，只是这爱，与寻常所谈论的爱的确有着差别，远非男欢女爱。张幼仪明白。张幼仪还说："在他一辈子遇到的几个女人里面，说不定我最爱他。"读书时，读至此处，我心中遽然烈痛。

要有多少的勇气和力量，这一世才能安稳、静好，温柔度过。要有多少的真善，这一生才能得一终局之圆满。新月才子徐志摩，独行一世，以爱为食。终年，却不想成了最孤寂、最寥落的那一个。陆小曼连为他送终也做不到。这样也好，在这人世间，他再也没什么可牵挂的了。

轻轻的我走了，
正如我轻轻的来；
我轻轻的招手，
作别西天的云彩。

……

悄悄的我走了，
正如我悄悄的来；
我挥一挥衣袖，
不带走一片云彩。

要有多少的勇气和力量，这一世才能安稳、静好，温柔度过。要有多少的真善，这一生才能得一终局之圆满。

喜欢你是寂静的

叁

人生如拈花修行

11

月 夕

文字，有时是我们存在过的唯一证据。

徐志摩去世之后，因为对于徐志摩生前的日记、书信及文章之争夺，众友人之间竟有了不小的干戈。令人唏嘘。也许，谁也不愿意徐志摩的文字不被善待。可是，这一场争夺反倒辜负了众人初心。徐志摩的文章几经颠簸，最终究竟落于何处，无法考证，实在是一件极遗憾的事。

生前，徐志摩有个存放旧文稿的箱子，后人传称为“文字因缘箱”，也被叫作“八宝箱”。徐志摩遽然离世之后，这个箱子便成了他在这世上匆匆走过三十几年的唯一痕迹。他生前还找过凌叔华，为自己立传。可是，一切终究未能周全。

当中，除了徐志摩的文稿，人们最关注的便是他的日记以及与几位友人之间来往的信件，里面牵扯了包括胡适在内的很多名人。而这里面，尤以与林徽因、陆小曼有关的日记、信函最令世人好奇。

因诗人本人极重视这些文件，故将它们一并藏于箱内，对这箱子亦是颇在意的。他想着，这些文件或许可在他作古之后供为他作传之人参详。

旧时，名人都有记日记之习惯，对写信一事也甚是上心。大约是在乎自己的名声，想身后能对世人有一个完满交代。对中国人来讲，名声总是重要的。常人如此，对名人更是如此。因此，徐志摩自然十分重视自己的一切私密文件。

这个箱子原本是徐志摩随身携带的。在与陆小曼相恋遭受舆论压力，因而辞工出游欧洲之时，他托付凌叔华代为保管。他们二人相识于泰戈尔来华之际，彼此性情相投，很谈得来，因此成为知己。徐志摩对凌叔华很是信任。

回国之后，徐志摩也并未立即从凌叔华处取回箱子。直到六年后，沈从文在与徐志摩的一次对谈中得知，此箱已回到他自己手中。而这之前是否从凌叔华处辗转到他人之手，也未可知。

据凌叔华自己回忆，她曾有一次将其托付于徐志摩的学生卞之琳。然而，卞之琳矢口否认，看来是凌叔华记错了。后来，经过众人反复确证，当时凌叔华所托付之人可能是林徽因的挚友金岳霖之女友，一个叫 Lilian Tailor 的美国女子。

后来，徐志摩常往返于上海、北平之间，开销极大。在北平，为了节约开支，又时常借宿于胡适家中。箱子随身携带实在不便，因此，他便又一次将其托付于凌叔华。却不想数月后，徐志摩离世。

在他离开之后，胡适等人打算为他出版文集。胡适编辑了“徐志摩遗著目录”，打算先出版徐志摩的书信集。于是，胡适便写信给凌叔华，索要徐志摩的“八宝箱”。胡适亲自索要，凌叔华心知此箱日后再也无法安稳地藏于她处了。

于是，凌叔华便将徐志摩的箱子交付胡适。凌叔华在信中表示，此箱日后当归徐志摩的遗孀陆小曼所有。不过，胡适并没有交给陆小曼，而是交给了林徽因。自然，胡适未必有交付林徽因保存的意思，也许只是托付她整理编目罢了。

不久，林徽因就听闻凌叔华并未将徐志摩的遗稿完整地交与胡适，而是私藏了几本极私密的情感日记。这几本日记里便有徐志摩用英文写的与林徽因有关的“康桥日记”。林徽因聪明，用箱内徐志摩写给陆小曼的日记换回了跟自己有关的“康桥日记”。

可是，换回的日记依旧是不完整的。林徽因发现日记的内容恰巧截断于自己与徐志摩相遇的前夕。林徽因非常不悦，对凌叔华很是不满，甚至对凌叔华的为人产生了怀疑。此时，凌叔华对林徽因也心生芥蒂。

无奈之下，林徽因只能向德高望重的胡适求助。胡适亦觉得凌叔华的极不配合令他们整理以及出版徐志摩遗稿的工作困难重重。因此，胡适便再次致信凌叔华，虽然措辞委婉，但是要求非常明确，归还她私藏的遗稿。

碍于胡适的地位和情面，凌叔华不得不将剩余的半册“康桥日记”交出来。凌叔华心中委屈，觉得自己被大家逼迫得处境十分难堪。不曾想，凌叔华此次依然将四页日记留了下来，这令林徽因大为恼火，也让胡适非常不悦。

至于这四页被凌叔华截去的日记最终是被林徽因和胡适要了回来，还是被置于别的地方，也未可知。直至此时，徐志摩的“八宝箱”遗稿争夺之事终于告一段落。关于徐志摩“八宝箱”内的遗稿终局，历来都被人传说胡适悉数交给了林徽因保管，而林徽因在辞世之前全部焚毁。

不想，卞之琳后来却撰文说：“我 1982 年为一卷本《徐志摩选集》写序，仅就听林徽因当年争到的一部分而言，说过物随人非（她于 1955 年病逝）……这是我当时特向金岳霖（按，梁思成、林徽因夫妇的知音密友）探听到的下落。”由此确知，林徽因争取到的那部分终究还是在十年浩劫中消失了。

林徽因的儿子梁从诫则又是另一番说法。

梁从诫在为纪念母亲所写的《倏忽人间四月天》一文中说：“……顺带提到所谓徐志摩遗存的‘日记’问题……我确知，抗战期间当我们全家颠沛于西南诸省时，父母仅有的几件行李中是没有这份文献的。抗战之后，我家原存放在北平、天津的文物、书信等已大部分在沦陷期间丢失，少量残存中也没有此件……母亲曾自己处理过一些旧信、旧稿，其中也肯定不含此件。因此，几位权威人士关于这份‘日记’最后去向的种种说法和猜测，我不知道有什么事实根据。”

世事如斯，雾里来，云里去。

虚实难辨的从来不是事情本身，而是人心。故人故事，明白个中原委琐细之人早已不在。论说对错，旁人都无资格。后生如我，也只能听着、记着，不该争辩。**或许，人生有一两个悬念，余一两个谜题，反倒给漫漫世间留下了些微未尽之美。活之道法应如是。**

12

岳 霖

金岳霖，林徽因的蓝颜知己。

写林徽因是不能不提金岳霖的。论林徽因生命里至关重要的男子，除了丈夫梁思成和挚友徐志摩，金岳霖则是第三个。1895 年，金岳霖出生于湖南长沙，字龙荪，祖籍是浙江诸暨。他年长林徽因九岁。他与她，是另一种真正裸心相对的知音。

他是中国著名的哲学家、逻辑学家，从事哲学和逻辑学的教学、研究和组织领导工作，是最早把现代逻辑系统地介绍到中国来的逻辑学家之一。他把西方哲学与中国哲学相结合，建立了独特的哲学体系，培养了一大批有较高素养的哲学和逻辑学专门人才。而今，仍设有金岳霖学术基金会。

金岳霖的祖父金聘之，旧朝官员，顶戴三品。后到湖南做官，追随张之洞办洋务运动，曾先后担任湖南省铁路总办和黑龙江漠河金矿总办。如是，金岳霖亦出身高门大户，是真正的书香门第，名仕之后。

金岳霖是个极具爱国情怀的人，虽在外留学多年，饱蘸西方之墨，但亦不能成为阻碍。据说，1911 年辛亥革命爆发那日，金岳霖立刻剪去长辫，1915 年袁世凯接受丧权辱国之日本“二十一条”时，金岳霖又不禁独自痛哭。彼时，他不过只是弱冠年纪。

1914 年 9 月，金岳霖从清华学校毕业，官费留美，入宾夕法尼亚大学读商业科，成为林徽因的学长。这时距离林徽因入校尚有十年之遥。三年之后，金岳霖从宾夕法尼亚大学毕业，入哥伦比亚大学读政治学。与他同时就读于哥伦比亚大学的还有宋子文、蒋梦麟等人。

回国之后，金岳霖致力于哲学、逻辑学的研究教育工作，贡献卓著。然而，生活中的他与寻常刻板严肃之学者形象又是截然不同的。金岳霖品性狷介之余，风流儒雅，又极开朗幽默。大概，这也是吸引林徽因至关重要的一点。

金岳霖是徐志摩的挚友，曾与徐志摩共同创办《政治学报》，也是徐志摩与张幼仪离婚时的做证人，更是徐志摩与陆小曼的伴婚人，可见他与徐志摩感情匪浅。认识林徽因也是一件必然的事情。大约是在 1931 年，金岳霖移居北总布胡同二号院，初识林徽因。

当时，林徽因已与梁思成结合多年。金岳霖气质不俗，旅居海外近十年，日常生活亦有西化痕迹，譬如用餐多以西餐为主，一口流利的英语更是不在话下。同时，又精通国学，可谓满腹经纶。如此男子，总会令人刮目相待。

1925 年 11 月，那个叫 Lilian Tailor 的美国女子甚至为追随金岳霖而来到中国。金岳霖与之同居，体验着未有婚姻束缚的家庭生活。他与 Lilian Tailor 的恋情，书面资料极少。世间恋事皆有始终，不以情爱存在，亦会因生死相绝。金岳霖恢复单身的时间，不可知。

有一点，是可以肯定的。那便是，在徐志摩去世之前，林徽因和金岳霖之间必已友谊深厚。这一份友谊应该是不轻于林徽因和徐志摩之间的情谊的。1931 年，徐志摩猝然离世之后，金岳霖给了林徽因极大的情感慰藉。

世间男子，有几人会看重自己？又有几人惜爱自己犹如生命？林徽因知道，梁思成一定会。徐志摩可能会。而金岳霖，大约除了梁思成之外，再没有男子能如他那般疼惜自己了。世人皆说，金岳霖爱林徽因至终身不娶，也不是不可信的。

林徽因爱过的有几人？说她爱梁思成，是真切无疑的。说她爱徐志摩，众口不一，别有隐情，大抵那一句“敬大于爱”要更加可信些。但说她爱金岳霖，则是可以确证的。林徽因从未料到，这件事会让自己身后声誉受损。

然而，金岳霖与梁思成相处得极好，友谊深厚。据说，当时金岳霖每日除早饭在自家吃之外，中午和晚上都和梁家人一起用餐。可见，他与梁家夫妇感情之融洽。我从不相信，金岳霖一开始便是醉翁之意不在酒。所有黑暗的揣测，大多来自揣测本身之黑暗。

1932 年 6 月，梁思成前往河北宝坻县考察。此时，金岳霖与林徽因相处已是时日长久。与如斯倾世的好女子朝夕会面，他心中情动是自然的。金岳霖明白，自己与林徽因之间隔着千山万水。他能做到的，便是对林徽因无欲无求，只愿她好。只是，他依然想要告诉她，自己的心之所念。

林徽因有权利知道自己被他爱慕。于是，他便找时间与林徽因说了心里话。只是知会，并无其他，仅此而已。坦荡君子之风令人敬佩。倒是林徽因一时无措。因金岳霖不知，眼下这孤艳的女子，竟也对自己有爱慕之心。她见他，亦是满满殊胜的好。

据梁思成回忆：

我们住在北总布胡同的时候，老金就住在我们家的后院，但另有旁门出入。可能是 1931 年，我从宝坻调查回来，徽因见到我哭丧着脸说，她苦恼极了，因为她同时爱上了两个人，不知怎么办才好。她和我谈话时一点不像妻子对丈夫谈话，却像个小妹妹在请哥哥拿主意。听到这事我半天说不出话，一种无法形容的痛苦紧紧地抓住了我，我感到血液也凝固了，连呼吸都困难。但我感谢徽因，她没有把我当一个傻丈夫，她对我是坦白和信任的。我想了一夜该怎么办？我问自己，徽因到底和我幸福还是和老金一起幸福？我把自己、老金和徽因三个人反复放在天平上衡量。我觉得尽管自己在文学艺术各方面有一定的修养，但我缺少老金那哲学家的头脑，我认为自己不如老金。于是第二天，我把想了一夜的结论告诉徽因。我说她是自由的，如果她选择了老金，祝愿他们永远幸福。我们都哭了。当徽因把我的话告诉老金时，老金的回答是："看来思成是真正爱你的，我不能去伤害一个真正爱你的人。我应该退出。"从那次谈话以后，我再没有和徽因谈过这件事。因为我知道老金是个说到做到的人，徽因也是个诚实的人。后来，事实证明了这一点，我们三个人始终是好朋友。我自己在工作上遇到难题也常去请教老金，甚至连我和徽因吵架也常要老金来"仲裁"，因为他总是那么理性，把我们因为情绪激动而搞糊涂的问题分析得一清二楚。

浮世人间，人与人之间的信任，愈来愈稀，愈来愈薄。即便要令你相信世间果真有如此高洁之人，亦是困难。可是，金岳霖、梁思成、林徽因却是那危险的年代当中最殊胜的存在。爱，这件事对他们来讲，从来只是高山雪、谷中兰，无怨无妒、无争无浊。

金、林二人生情一事本是残酷考验，不想金岳霖若松、梁思成如竹、林徽因似梅，果断地将这世间终极复杂难辨之男女情事整理得疏疏朗朗，清清透透。这不是常人轻易能具备的品格，令人痴赞。此事之后，三人的友谊终生未绝，深阔绵长。爱之美，莫如此。

在这以后，虽因世道变迁，两家人皆几次颠沛移居，但又总能毗邻做伴，患难与共。金岳霖，甘愿一生只与相爱之人为邻。三人知道，世间众生芸芸，可与之对谈引为友人者已是难得，而可称之为知己者最是难觅。世间情爱，不能亵渎。

林徽因身后遭世人非议，多半是因为“一心二人”之事。有心之人仿佛抓住“把柄”一般，大肆辱骂林徽因是“绿茶”。言者有意无心皆不负责。可是，纵观林徽因一生之清明磊落，谁敢轻易有此论断。我不相信，面对“爱上”这回事，还有人能比他们做得更好。

林徽因坦诚，不假装。
梁思成冷静，愿成全。
金岳霖周全，终退让。

一生只爱一个人，之所以令世人疯迷神往，不过因之鲜有。大多数之你我，谁不曾爱过几个人。而这大多数中，谁敢轻言自己的一颗心从未旁逸斜出，哪怕是刹那。只是，庸常你我，心虚内疚，遏制隐藏，不与人言。说到底，不过只因一颗心无法承载突如其来的变故和干戈，亦无法寻得恰当的出口。仿佛，诸般行止皆是错。

可是，被隐藏的秘密才是惊雷。

世间所有的爱都是宝藏。唯爱珍贵，不分贵贱，没有对错。何以林徽因遭受非议？无非是世人将“爱”分门别类，在看似“不恰当”的时机生发的爱被定义为“不应有”。而这“不应有”之“错”，在大家的思维里，常由女性承担。错的不是爱，是思维本身。世间再无比爱更干净纯粹的事了。

你我所否定的，只是面临相似境况之时，每个人都做出的错误表达和表达之后的结果，而永不是爱。因为——我们难以遇见周全如金岳霖之人，我们难以成为坦诚如林徽因之人，我们更难以拥有冷静如梁思成之人。我们所做的，常常是在固有道德绑架之下无力挣脱的叛离。与爱叛离，与心叛离。

然而，分明他们才是唯一的正确范本。

抗战时期，生活艰辛，国难家难，实无甚可乐之事。这段时期，之于一个疾病缠身的弱质女子，可谓是巨大挑战。因此，林徽因常常郁郁寡欢。梁思成是内敛沉默之人，难出巧言。此时，极具智慧又有好口才的金岳霖便成为林徽因的重要精神支柱。

林徽因曾在写予友人的信中这样描述金岳霖："我们亲爱的老金，以他具有特色、富于表现力的英语能力和丰富的幽默感，以及无论遇到什么事都能处变不惊的本领，总是在人意想不到的地方为朋友们保留着一片温暖的笑。"林徽因甚至说，金岳霖的笑，在某种程度上帮她熬过了战争。

鲁迅先生说的极是：

人生得一知己足矣，斯世当以同怀视之。

金岳霖身体好，长寿。他这一生陆续送走了许多同辈友人，当中自然包括林徽因和梁思成。据说，林徽因离世后，有一年，金岳霖在北京饭店宴请亲朋。在旁人眼里，这不过是寻常日子，金岳霖没有言明所贺何事，直到众人齐聚之后，他方才开口："今天是林徽因的生日。"

不知何故，此之细节，令人酸楚。

梁林夫妇作古之后，金岳霖与他们的子女相处得也极好。甚至，金岳霖晚年一直与梁从诫同住。梁从诫也一如幼时那般，唤他"金爸"。两人相依，直至金岳霖去世。逝世之后，梁从诫将他与父母葬于一处，终成圆满。

有如斯知已。疼她，爱她，护她。只相伴，不占有。林徽因这一生也是无憾了。

13

小 雅

文人有文人生活之妙趣。

北总布胡同实在是一条颇有文化趣致的胡同。且不说诸多文化界名人曾息居于此，纵使寻常路人经过此处，也总会被流传于世的发生在此的掌故妙事所牵引，心有顾念。

二号院，金岳霖家的客厅，人称“湖南饭店”。每周六都有聚会，来此小聚的亦都是文化界名流。因金岳霖出生于湖南，湖南口音极重，且聚会这日又提供饭食和精致餐点，所以他家的客厅便被友人们戏称“湖南饭店”。而三号院，林徽因家的客厅，则更是闻名于京城。

林徽因家的客厅叫作“太太客厅”。

当年在京城，欧游回国的文人带回了西方的“文艺沙龙”，定期或不定期地举办一些文坛艺界的小聚会，盛行一时。在众多的文艺沙龙里，朱光潜、梁宗岱在北平著名的茶轩“来今雨轩”举办的每月一次的集会，和林徽因家“太太客厅”里的雅聚是最知名的两处。

无论是在“来今雨轩”还是自家的“太太客厅”，林徽因始终都是中心人物之一。她满腹才情自不用说，天性又极开朗，极好的口才让她看上去颇有演说家的天赋。秀口一开，便是一部美丽之书。

当时，林徽因虽然肺病严重，但好在生活还算优渥。在香山休养之后，身体好转了不少。故而，重回北总布胡同之后，林徽因的日常交际渐次恢复了正常。“太太客厅”里的沙龙，便是林徽因最重要的交际活动之一。

较之于别处多有明确主题的沙龙而言，“太太客厅”里的交流和清谈则要自由得多、即兴得多，亦更有人情味。文学、政治、经济、哲学、音乐以至地方风俗，无所不谈。读书、吟诗、谈论、辩争，无一不令来客觉得尽兴、快活。

诸多来客中，不仅有如沈从文一般的作家，亦有研究哲学的金岳霖、研究经济学的陈岱孙、研究政治学的钱端升、研究考古学的李济、研究艺术学的邓叔存，各界名流皆是常客。

政治学家张奚若、社会学家陶孟和等人有时会携夫人一起前来做客。甚至，连梁思成的妹妹、侄女等人都会带上若干女同学一起来凑热闹，她们大约也是想一睹当时各界名流之风采。当然，客人中亦包括后文将要提及的来自美国的费正清与费慰梅夫妇。

常常有沙龙，因此，路人立在梁家附近，便能听到“太太客厅”里传出阵阵欢声笑语。虽众人一开口便妙语连珠，但只要林徽因一加入，在座的人当即就成了陪衬，无一不寂声静听。听这“林下美人”秀口一开，话江山，话美人，话穹宇乾坤。

正如她的美国朋友后来所写：

每个老朋友都会记得，徽因是怎样滔滔不绝地垄断了整个谈话。她的健谈是人所共知的，然而使人叹服的是她也同样擅长写作，她的谈话和她的著作一样充满了创造性。话题从诙谐的逸事到敏锐的分析，从明智的忠告到突发的愤怒，从发狂的热情到深刻的蔑视，几乎无所不包。她总是聚会的中心人物，当她侃侃而谈的时候，爱慕者总是为她那天马行空般的灵感中所迸发出来的精辟警语而倾倒。

除此之外，学者陈学勇说，“林徽因在‘太太客厅’里阐释了别具慧眼的见解，对北方文坛产生了不着她文字的影响”。是的，她也在“太太客厅”里约见了一些自己欣赏的青年作家，对晚生之提携可谓是不遗余力，令人感动。

当年在座的那些晚生当中，有一人大约是终生亦不能将林徽因遗忘。一如他自己所言，林徽因对他的影响终生不能淡灭——“在我心坎上，总有一座龛位，里面供着林徽因”。他便是带着地图旅行的著名记者、翻译家、作家，萧乾先生。

初识林徽因时，萧乾是初出茅庐的大学生。在结识林徽因之前，萧乾曾在沈从文主持编辑的《大公报》“文艺”副刊上发表了一篇小说《蚕》。作品发表时，刊登在报纸极不起眼的角落。即便如此，这篇小说还是被林徽因发现了。

后来，林徽因在写给沈从文的信中夸赞了萧乾的这篇文章。林徽因说："萧乾先生文章甚有味儿，我喜欢。"并让沈从文下次来家中时也邀请萧乾同行。她希望能够与他见一面。林徽因的邀约对于萧乾而言是莫大的荣幸。有时，你我生之所幸，便在于遇见了一个懂得且欣赏自己的人。

见林徽因之前，萧乾心尚惴惴，大约是平常对盛名在外的林徽因怀想甚多，而今真有机会亲见，竟不自觉十分紧张。直至那日亲临"太太客厅"，见到她时，方知想象之狭仄无力。她优雅地立在那里，只微笑，不言语。果真是"林下美人"，令人难以抗拒。

当时，林徽因虽已身患重病，但她面上却全无病容，依旧精神抖擞。加上她常与友人骑马，总是身着一套利落的骑马装。那日，萧乾看过去，只觉眼前这位女子之潇洒，连男子亦不可相比。林徽因是萧乾真正的伯乐，他赞她，理所应当。

见到萧乾时，林徽因只说了一句"你是用感情写作的，这很难得"，便让萧乾激动至不能言语。萧乾后来说，之于他，"那次茶会，就像在刚起步的马驹子的后腿上亲切地抽了那么一鞭"。而林徽因当年的风采，亦只有萧乾写得最精赅、最妥帖。

萧乾在《一代才女林徽因》一文里这样写道：

倘若这位述而不作的小姐能像十八世纪英国的约翰逊博士那样，身边也有一位博斯韦尔，把她那些充满机智、饶有风趣的话一一记载下来，那该是多么精彩的一部书啊！她从不拐弯抹角、模棱两可。这样纯学术的批评，也从来没有人记恨。我常常折服于徽因过人的艺术悟性。

林徽因生平的文学著作虽然数量不多，但是屡现精品。若如萧乾所言，当真有人将她当年的妙语记录下来，定然可成一部传世之书。单单一首《你是人间的四月天》，便是历经岁月淘洗而留在文学史册上的一页玫红，流传至今。萧乾先生所言，洵非虚誉。

14
花 树

林徽因的诗歌创作方面

1931年秋天，去香山养病之时，林徽因开始诗歌创作。在此之前，她只在1924年的《晨报副镌》上发表过一篇奥斯卡·王尔德的童话《夜莺与玫瑰》的译文。1932年8月4日，梁从诫出生。林徽因的经典诗作《你是人间的四月天》便是在儿子出生不久之后写给他的。

我说你是人间的四月天；
笑响点亮了四面风；
轻灵在春的光艳中交舞着变。

你是四月早天里的云烟，
黄昏吹着风的软，
星子在无意中闪，
细雨点洒在花前。

那轻，那娉婷，你是，

鲜妍百花的冠冕你戴着，
你是天真，庄严，
你是夜夜的月圆。

雪化后那片鹅黄，你像；
新鲜初放芽的绿，你是；
柔嫩喜悦，
水光浮动着你梦期待中白莲。

你是一树一树的花开，
是燕在梁间呢喃，
——你是爱，是暖，是希望，
你是人间的四月天！

林徽因起初发表作品时，署过笔名“尺棰”。除此之外，均使用本名林徽音。但因本名曾被误刊为“林微音”，而恰巧当时海派男作家林微音亦活跃于文坛，所以为了有所区别，她便正式更名为“林徽因”。这后来流芳于世的三个字，便正式于此诞生。

谁爱这不息的变幻，她的行径？
催一阵急雨，抹一天云霞，月亮，
星光，日影，在在都是她的花样，
更不容峰峦与江海偷一刻安定。
骄傲的，她奉着那荒唐的使命：
看花放蕊树凋零，娇娃做了娘；
叫河流凝成冰雪，天地变了相；

都市喧哗，再寂成广漠的夜静！
虽说千万年在她掌握中操纵，
她不曾遗忘一丝毫发的卑微。
难怪她笑永恒是人们造的谎，
来抚慰恋爱的消失，死亡的痛。
但谁又能参透这幻化的轮回，
谁又大胆的爱过这伟大的变幻？

这是林徽因的又一首经典诗作《谁爱这不息的变幻》。她写道：“永恒是人们造的谎，来抚慰恋爱的消失，死亡的痛。”字字渗入爱之肌理，淡静叙述当中，别有一番深刻意蕴在。林徽因的诗中，人间万物皆有灵。云霞、月辉、星光、日影、峰峦、江海、花蕊、冰雪，寸寸山河有爱恨，点滴变幻皆有情。

后来，有人将林徽因称为“新月诗人”，虽然林徽因的诗歌创作受徐志摩的影响较大，但林徽因本人似乎对此定位并不满意。而这，也是可以理解的。新月诗派是活跃于20世纪二三十年代的一个文学流派，认真提倡和实验新诗“格律化”，所以也被称作“格律诗派”。

新月派前期主要是以新月社俱乐部为中心的社交团体，主要包括以徐志摩、闻一多为中心的《晨报副刊·诗镌》中的诗人群体。后期新月派是指以新月书店和《新月》月刊为阵地的知识分子群体，后期新月派诗人则是指集合在《新月》月刊和《诗刊》周围的诗人群体。

虽然新月派提倡新诗格律，但林徽因开始创作诗歌时，新月诗派已近风流云散，而后期的新月派的格律主张愈加逼仄，较为死板。然而，林徽因的诗歌并非如此，她的诗歌具有强烈的个人风格，辨识度极高，在讲究格律的前提下却又十分潇洒自由，艺术成就较其他诗人要高得多。

关于写诗，她在《究竟怎么一回事》一文中写道：

写诗究竟是怎么一回事？

写诗，或可说是要抓紧一种一时闪动的力量。一面跟着潜意识浮沉，摸索自己内心所萦回，所着重的情感——喜悦，哀思，幽怨，恋情，或深，或浅，或缠绵，或热烈；又一方面顺着直觉，认识，辨味，在眼前或记忆里官感所触遇的意象——颜色，形体，声音，动静，或细致，或亲切，或雄伟，或诡异；再一方面又追着理智探讨，剖析，理会这些不同的性质，不同分量，流转不定的情感意象所互相融会，交错策动而发生的感念；然后以语言文字（运用其声音意义）经营，描画，表达这内心意象，情绪，理解在同时间或不同时间里，适应或矛盾的所共起的波澜。

写诗，或又可说是自己情感的，主观的，所体验了解到的；和理智的客观的所体察辨别到的，同时达到一个程度，腾沸横溢，不分宾主地互相起了一种作用，由于本能的冲动，凭着一种天赋的兴趣和灵巧，驾驭一串有声音，有图画，有情感的言语，来表现这内心与外物息息相关的联系，及其所发生的悟理或境界。

写诗，或又可以说是若不知其所以然的，灵巧的，诚挚的，在传译给理想的同情者，自己内心所流动的情感穿过繁复的意象时，被理智所窥探而由直觉与意识分着记取的符录！一方面似是惨淡经营——至少是专诚致意；一方面似是借力于平时不经意的准备，“下笔有神”的妙手偶然拈来。忠于情感，又忠于意象，更忠于那一串刹那间内心整体闪动的感悟。

写诗，或又可说是经过若干潜意识的酝酿，突如其来的，在生活中意识到那么凑巧的一顷刻小小时间；凑巧的，灵异的，不能自已的，流动着一片浓挚或深沉的情感，敛聚着重重繁复演变的情绪，更或凝定入一种单纯超卓的意境，而又本能地迫着你要刻画一种适合的表情。这表情积极的，像要流泪叹息或歌唱欢呼，舞蹈演述；消极的，又像要幽独静处，沉思自语。换句话说，这两者合一，便是一面要天真奔放，热情地自白去邀同情和了解，同时又要寂寞沉默，孤僻地自守来保持悠然自得的完美和严肃！

短短小文，足见林徽因的见解之独到、思想之深刻。她对于诗歌创作的天赋，一览无余。林徽因写诗，潇洒任性，甚至写一首丢一首，全然不去刻意经营。虽然这给后人为她编书造成困扰，但她为人行事别有风致，多年后去追忆，依旧可感可触。

林徽因的小说创作方面

林徽因的小说作品主要有《窘》《九十九度中》和《模影零篇》等少数几篇传世。《窘》是林徽因的第一篇小说，于1931年发表在《新月》第三卷第九期上。行文清简流畅，语言成熟，对人物心理刻画尤其到位，细密又含蓄蕴藉，写得十分出色。

这篇小说写的是一段洛丽塔式的情感生发和延展。中年教授维杉爱上了朋友的女儿芝，因年龄悬殊、辈分差异，这份感情带给他巨大压力，令他极为窘迫。最终，维杉选择了逃避，离开了北平。

小说内容与林徽因和徐志摩当年在伦敦邂逅的事情有相近之处，因此不可避免地令人遐想。一如小说里的维杉和芝，他们两个人，一个深爱如誓，一个却懵懂不知。而且令人唏嘘的是，在林徽因的小说发表几个月之后，徐志摩便遇难离世。

另一篇小说《九十九度中》，亦是林徽因的名篇。小说将乱世里的日常生活切割再重组，破碎之中充满意趣。用李健吾的话说，便是："作者把一天的形形色色披露在我们眼前，没有组织，却有组织；没有条理，却有条理；没有故事，却有故事，而且那样多的故事；没有技巧，却处处透露匠心。"

再有就是小说《模影零篇》，它是由四个短篇《钟绿》《吉公》《文珍》《绣绣》组成的。因四篇作品的主人公都有生活原型参照，遂成系列。亦是于微处着笔，展露出人性固守与突破之挣扎。一篇一篇读下来，看似温静，时有激烈；看似清淡，时有绚烂，且皆极深邃。

林徽因的散文、剧本及其他创作方面

林徽因最知名的散文大约便是徐志摩去世之后焚心所撰的那篇《悼志摩》了。恰如她当年评价萧乾的《蚕》一般，确是"用感情写作的"，热烈深挚。林徽因的散文林林总总不过六七篇，包括《悼志摩》《蛛丝和梅花》《窗子意外》《山西通信》《惟其是脆嫩》《究竟怎么一回事》《纪念志摩去世四周年》等。

虽然林徽因的散文作品极少，但是她的文学素养和艺术气质不可避免地渗透到了她的建筑学术文章当中，当中的若干片段，文采斐然，写得极动情，全无寻常学术文章之刻板艰涩。

她的剧本创作则是少之又少，而今发现的，仅有一个未完成的剧本残篇《梅真同他们》。在剧本创作尚不如而今成熟的民国时期，林徽因的《梅真同他们》已算是极难得的作品，可谓是“未完成的杰作”。遗憾，未见得就是坏事，它有时会令你体悟怀缅之美。

当年，美学大家朱光潜先生曾这样评说此剧本：“现在话剧中仍留有不少的‘文明戏’的恶趣，一般人往往认不清 Dramatic 与 Theatrical 的分别，只求看一个‘闹台戏’，林徽因女士的轻描淡写是闷热天气中的一剂清凉散。”

另，林徽因写给亲友的书信存世若干，皆是私信。文学价值自然是有的，但最可贵的是，这为后世给林徽因立传提供了极宝贵的材料和证据。在这些信当中，方可读到最真、最动人的那个林徽因。

谈论林徽因的文学创作，不得不提当时北平极重要的一个文学流派：京派。京派作品文风淳朴，贴近底层人民的生活，在现实主义的创作中融入了浪漫主义、主观个性和悲悯情怀。在叙述中融入诗性的追求，在写实中弥漫着浪漫的气息，这是京派小说的突出特征。

京派作家主要以《大公报》文艺副刊和先后出刊的杂志《学文》《水星》《文学杂志》为创作园地，包括周作人、沈从文、废名、凌叔华、朱光潜、萧乾、李健吾、卞之琳、何其芳和林徽因等诸多名家。

较之沈从文、周作人等文学大师，林徽因虽建树尚少，但其活跃程度是令人瞩目的。萧乾先生曾这样评论林徽因之于京派文学的地位："她又写，又编，又评，又鼓励大家。我甚至觉得她是京派的灵魂。"赞誉虽重，却也不为过。

林徽因一生文学作品数量不多，诗作六十余首，散文小说数篇，未完成剧本有一，但基本都是经典之作，实在难得。正是这为数不多的作品，让林徽因在文坛占得一席之地，且得盛名。

这些作品，构筑成一方寂静之地，是独属于林徽因的"苏州园林"。也稀疏，也葱郁，任热爱林徽因的青年们悉心守护，至死不渝。真挚她有，幻变她有；热烈她有，寂静她有；繁艳她有，清丽她有。哪怕今时今日，依然拥趸无数，海角天涯与她相随。

关于她的文学创作，大约便是这样了。

15

明　仲

林徽因，一生匆急又忙碌。人世间，除了生死，大约没有别的事情可以成为她觅逐信仰之阻碍。从夜晚到清晨，再从晨光熹微到灯火阑珊，每一步，都走得铿锵。在那个朝不保夕的年代，她走得那样艰难。可是，那又如何？她是林徽因啊。

她热爱文学，时刻不忘倾力贡献，大至创刊办报，小至鼓励青年作家，与之在“太太客厅”交流倾谈。然而，建筑才是她的根基理想和毕生事业。梁从诫出生不久之后，林徽因便开始了她的建筑考察工作以及建筑学术生涯。

1932 年，梁思成分别于 4 月和 6 月去野外考察建筑。当时，林徽因怀有身孕，未能伴行，甚觉遗憾。其实，梁思成之所以能够顺利带领团队外出考察，完全得益于中国营造学社的帮助。

当时，梁思成任中国营造学社的法式部主任。法式部的工作就是从实物调查入手，对古建筑进行测绘、制图、分析鉴定。林徽因则在中国营造学社担任梁思成的校理。

中国营造学社始建于1930年，原名叫“中国营造学会”（下文简称“营造社”），是一个旨在研究建筑文献的学术团体。创建人朱启钤，字桂辛、桂莘，号蠖公、蠖园，祖籍贵州开州（贵州开阳），1872年11月12日生于河南信阳，1964年2月26日卒于北京，原中国北洋政府官员，兼攻古建筑学和工艺美术。

朱启钤修建过中山公园，大约便是从那时开始，他对建筑艺术生发了极浓厚的兴趣。后又在南京的江南图书馆看到北宋土木建筑家李诫编纂的《营造法式》，大为震惊。正是因为《营造法式》，朱启钤方才当即决定，将余生奉献给古建筑研究，并于日后创建了“中国营造学社”。

说到朱启钤和营造社，便要提及当年梁思成与林徽因从东北大学离职回到北平一事。自然，主因是林徽因病情恶化，需回北平治疗静养，不过营造社对梁林二人的热忱邀请亦有极大的促动作用。

因朱启钤早年曾拥戴袁世凯复辟，个人声誉不佳，所以，起初梁林二人对参加营造社一事甚为犹豫。但朱启钤对建筑事业有着旁人所不能及的决心，态度极其端肃、诚恳。所以，1931年9月，大约是林徽因病情好转，从香山返回北总布胡同的时候，夫妻二人终于决定辞去东北大学的职务，加入营造社。

将朱启钤和营造社、营造社和梁林夫妇串联起来的关键所在，皆是李诫的《营造法式》一书。梁林夫妇从当年进入宾夕法尼亚大学立志投身建筑学开始，便对李诫和他的《营造法式》推崇备至。

为了纪念李诫，他们二人的婚礼便定在了 3 月 21 日，这是李诫的碑上刻着的唯一一个日期。后又给儿子取名“从诫”，也是期望他能“效法李诫”，在建筑事业上有所承继。自然，取名是为初衷，日后对梁从诫的教育依然是开放并自由的。

1932 年 8 月，生下梁从诫之后，休息了没多长时间，林徽因便难抑心中热情，与梁思成一起去北平郊区考察建筑。虽然不是大规模考察，但是对于林徽因而言，这一次的意义不同于日后的任何一次，这是她专注于建筑艺术的标志。他们去的地方是西山北部寿安山南麓。

此处有一卧佛寺。

那日，梁林夫妇入山，老远便闻回响，似幻听。许是那尊石佛睡得沉实，发出鼾声来相迎。往日里，它只是静卧在山林深处，不管人世霜风雪雨，不管浮尘电光石火。而今日，有极殊胜的一男一女来此深山探访，连卧佛的心都惊动了。

寺庙住持叫智宽，形容淡静又慈祥。夫妻二人曾在京郊小游时与智宽和尚结识，时隔半年有余，他们叩门入寺，智宽和尚心里很是欢喜。

当日，寿安山非常热闹，游人极多。虽看过去景致优美，但智宽说，自先师以每年一百元的租金将寺庙租给青年会之后，山里便总是不得清净。倒是林徽因看得深刻些，凡事皆有两面性。正是由于这个缘故，庙里的香火旺了些，让更多的人知道了这里。

寺庙始建于唐代贞观年间，初名“兜率寺”。元代延祐七年（1320 年）

开始扩建，到至顺二年（1331 年）完工，改称“大昭孝寺”，后又改名“洪庆寺”。明代宣德正统年间，重修，改称“寿安禅林”。崇祯年间，改称“永安寺”。清代雍正时期，再次重修，改称“十方普觉寺”。但因寺中有一座檀木雕刻而成的卧佛，所以常被称为“卧佛寺”。

林徽因考察后写成了《平郊建筑杂录》一文，评论了此寺庙建筑特色：“这种平面布置，在唐宋时代很是平常，敦煌画壁里的伽蓝都是如此布置，在日本各地也有飞鸟平安时代这种的遗例。在北平一带（别处如何未得详究），却只剩这一处唐式平面了……卧佛寺各部殿宇的立面（外观）和断面（内部结构）却都是清式中极规矩的结构。”

当时，寺庙周围的环境的确已遭到破坏，譬如放生池周围的白石栏杆已被拆下，成了游人下池嬉耍的石阶。所以，林徽因又在文章中感慨：“‘保存古物’，在许多人听去当是一句极迂腐的废话。‘这年头！这年头！’每个时代都有些人在没奈何时，喊着这句话出出气。”

从卧佛寺出来之后，二人驱车前往香山之南的法海寺。此寺不大，甚至是极不起眼的，但这座小寺的寺门却令梁林夫妇产生了极大的兴趣。寺门形状奇特，成圆拱形，门上有小型白塔一座，较为罕见。二人详细考察完毕，方才踏上回程。

路上，途经三座石龛，在林徽因眼中亦是别有一番趣意。在林徽因心中，建筑当中的一砖一瓦皆是灵动的、富有禅意的、别有内蕴的，更是一种生命存在，一种美学存在。

用她自己的话说，便是：“这些美的存在，在建筑审美者的眼里，都能引起特异的感觉，在‘诗意’和‘画意’之外，还使他感到一种‘建筑意’的愉快。”

所谓“建筑意”，就是林徽因认为的人们能够感知到的，关于建筑内在的某些独特的生命寓意。

你是一树一树的花开，是燕在梁间呢喃，——你是爱，是暖，是希望，你是人间的四月天！

喜欢你是寂静的

肆

人生如焚心取暖

16

云 泥

做一个心有坚持的女子，优雅地活着。

林徽因的一生，已然活得热烈、丰盛。好在，她内敛又清朗如江川，时时都记着自己的初衷和梦想。迢迢远路之上，所眷注的便只是“建筑”这件事。她想要为之付出的，除了那深广虚渺的爱之梦想，便只有它。**遇见喜欢的事，才有喜欢的余生**。

自1932年起，林徽因进行了大小建筑考察活动数十次，当中有几次对她来说非常重要。1933年，她便进行了两次重要考察，分别是9月在山西大同和11月在河北正定。对林徽因而言，这是她建筑生涯伊始的两个重要节点。

1933年9月，林徽因、梁思成和建筑学家刘敦桢、莫宗江等人一起去山西大同。来此处，要考察之处不多，但很明确，考察点极具代表性，即华严寺、云冈石窟和善化寺。

华严寺位于大同市内，是佛教华严宗的寺庙。寺庙大殿始建于辽代清宁八年（1062 年），是而今已发现的最大的古建筑，当中辽代铸造的佛像也都保存较为完好。华严寺的薄伽教藏殿内置放经书的书橱亦是现存最古老的书橱。

与河南洛阳龙门石窟、甘肃敦煌莫高窟、甘肃天水麦积山石窟齐名的云冈石窟，更是极具古建筑考研价值。它创建于北魏时期，历时五十年，动用四万余人方才筑造完成的。

云冈石窟位于山西省大同市以西的武周山南麓，依山而凿，东西绵延约一公里，气势恢宏。现存主要洞窟四十五个，大小窟龛两百五十二个，造像五万一千余尊。其中，昙曜五窟，布局设计严谨统一，是中国佛教艺术第一个巅峰时期的经典杰作。

当时，林徽因等人克服了各种困难，苦熬数日，方才完成了建筑史上对云冈石窟的第一次系统研究。大至洞窟的布置、构造及筑造年代，小到石窟当中的塔、柱、阑额、斗拱、踏步、藻井等的特征和背景，都进行了系统研究。

关于云冈石窟的考察成果，他们在后来发表的《云冈石窟中表现的北魏建筑》一文当中这样总结道：

云冈石窟乃西域印度佛教艺术大规模侵入中国的实证。但观其结果，在建筑上并未动摇中国基本结构。在雕刻上只强烈的触动了中国雕刻艺术的新创造——其精神、气魄、格调，根本保持着中国固有的。而最后却在装饰花纹上，输给中国以大量的新题材，新变化，新刻法，散布流传直至今日，的确是个值得注意的现象。

之后，他们对位于山西大同城内西南隅的善化寺进行考察。善化寺是现存较为完整的一个辽金时代的建筑组群，面积为一万四千多平方米。寺内存有泥塑、壁画、碑记等珍贵文物，其中金代泥塑的造型极优美，亦颇有个性。在这些塑像当中，尤以“二十四天王像”为贵。它们或坦膊赤足，披纱衣华似自天竺而来；或身着铠甲，衬皮毛以御北国寒风，形态各异，生动精美。

善化寺始建于唐代，唐玄宗时称“开元寺”。五代末晋初年，改名“大普恩寺”，俗称“南寺”。辽代末保大二年（1122年），寺庙大部毁于兵火。金初，重修，历时十五年方才竣工。元代仍名为“普恩寺”，已颇具规模。明代再次修缮，正统十年（1445年）始更称今名“善化寺”。

大同的若干古建筑考察事宜结束之后不过两个月，林徽因等一行人又再次起程，去往河北正定。其实1932年4月，林徽因有孕在身时，梁思成已与同好一起去过一次，当时已确知的宋辽时期的古建筑多达十四处。

据说，当时一行人考察隆兴寺时，摩尼殿的筑建年代无法考证，梁思成便凭靠自己的学识与已掌握的资料判断最晚是北宋时期。直到1978年摩尼殿大修之时，专家发现新的史料，证明此殿筑建时间的确是1052年。可见，梁思成在建筑学上造诣极深。

关于梁思成对古建筑之痴迷，林徽因曾在《闲谈关于古代建筑的一点消息》一文中说：“我只得笑着说阿弥陀佛，他所倾心的幸而不是电影明星。”可见他确实是“建筑痴儿”。然而，林徽因自己又何尝不是呢！

在林徽因心中，草木可有情，顽石亦有性灵。每一次考察，她皆是以心测绘、以爱度量。在与一砖一瓦的亲昵当中，自己亦好似回到了古老年代，见证旧时光里的嶙峋古道或是荒芜塞外，以极挚诚的态度，雕刻、建筑着自己的人生美学。

17

莫 逆

“浮云游子意，落日故人情。”

就像李白的这两句诗，友朋惜别之憾让人知其分量。林徽因一生所遇之男女，与之朝夕不离、生死相依者，有梁思成；与之缘浅错爱、纯真相扶者，有徐志摩；与之爱于微处、恩情不绝者，有金岳霖。他们自是她命里极重要的，亦是与她情爱相涉之人。

唯独那二人，是隔绝了浮世欲情，心无杂念，与她相知、相守的人，是真正将友谊置于纯粹境地的两个人。他们的这种情谊，与她和金岳霖的不同，与她和徐志摩的亦有差别，更与她和梁思成的决然相异。他们之间，是“故人入我梦，明我长相忆”。他们便是：费正清与费慰梅。

费正清（John King Fairbank）与费慰梅（Wilma Canon Fairbank）是美国人。费正清来自美国的南达科他州，费慰梅来自马萨诸塞州，两人都痴迷中国文化至不能自抑。正因为如此，他们相知相爱，并最终决定在中国举办婚礼，以示纪念。

1932年，二人先后来到中国，夏秋之交，他们在北平举行了结婚典礼。仪式虽是依照西方的方式来的，但他们心知，自这以后他们与这方水土的关联自浅而深，再不能切断。而他们与中国的渊源是真真终身未绝。直到暮年，二人依旧心念着北平的风物人情。

他们最怀念的，便是梁思成与林徽因。

梁林夫妇与他们的美国友人相识在那一年的一场美术展览会上，一如当年他们穿越欧亚大陆回家时在莫斯科遇到查理斯和孟德利卡·查尔德夫妇那般。而今，这对美国夫妇亦是在人群中一眼看到了他们。梁思成与林徽因，始终是纷扰的人群里最脱俗的那一对。

费正清一直在为自己的博士论文《中国贸易关系发展史》收集材料，费慰梅则深为山东武梁祠的汉代拓片所着迷。而梁林夫妇的谈吐和不凡之学识，令这对美国夫妇钦佩至不能言表。几番交谈下来，两对夫妇之间的那种不可名状的亲密感油然而生。

在这新旧更替的土地上，梁思成和林徽因无疑是走在最前面的。从某种程度上来说，他们亦是较孤独的。因此，他们始终渴望着进步人士能够分享自己的心念之潮动。这一种渴望和牵系，之于费氏夫妇亦是如此。世间最难遇见的，便是了解和懂得。

当时，费氏夫妇住在西总布胡同二十一号，距离林徽因家不过数百米之遥。说他们与梁家毗邻，亦不为过。相识之后，因距离实在近得很，费氏夫妇便常常去林徽因家做客。一来二去，便应了那句“朝夕过从，遂成莫逆”。

费慰梅与林徽因的感情极好。她在闲时常骑单车去往北总布胡同，与林徽因一起闲话倾谈、饮茶共食，亦常常一起相伴骑马。她与丈夫费正清自然也是“太太客厅”文人雅聚之常客。可见，林徽因一家对于费氏夫妇吸引之大。

人以群分，是有几分道理的。因此，林徽因后来在写给费慰梅的信中赤裎心意：“自从你们两人来到我们身边，并向我注入了新的活力和对生活以及总体上对未来的新看法以来，我变得更加年轻活泼和有朝气了。”他们彼此影响，一同成长。

费正清晚年在《费正清对华回忆录》里写道：

我们在中国（或者在别的地方）最亲密的朋友便是梁思成和他的妻子林徽因，他们是两个把中国的文化传统和盎格鲁－撒克逊的文人传统结合起来的人。要客观地描述非常亲密的朋友倒不是容易的。中国对我们产生巨大的影响，而梁氏夫妇在我们旅居中国的经历中起着重要的作用。如果把维尔马和我当作沟通中美两国文化的中间人加以报道，那么该报道必须把他们包括进去，此外还需包括他们的亲密的朋友和邻居金岳霖教授。

虽然当时费氏夫妇给保守的林徽因母亲和林家仆人造成了困扰，但是他们终究用自己的人格魅力打消了那些人心中对“洋人”的芥蒂。林徽因也毫无避讳地与费慰梅提及自己心中对徐志摩和金岳霖的态度。为了纪念古人旧事，费慰梅专门为梁林夫妇撰著了《林徽因与梁思成》一书。

书中写道：

随着我们友谊的加深，我经常骑自行车或坐人力车在天黑时到梁家去。一个仆人把天井入口处红漆的双扇大门的门闩打开，我就穿过小花园去找到徽因。在起居室一个暖和的角落里坐下并泡上两杯热茶，我们就赶快开始叙述我们各自为对方保留的故事和想法。我们有时分析和比较中国和美国的不同价值观和生活方式，但接着我们就转向我们在文学、艺术和冒险方面的许多共同兴趣，把关于对方不认识的朋友的追忆告诉对方。

天才的诗人徐志摩当然是其中的一个。她不时对我谈起他，从来没有停止说话来思念他。我时常想，她对我用流利的英语进行的题材广泛、充满激情的谈话可能就是他们之间生动对话的回声，那在她作为一个小女孩在伦敦时就为她打开一个更广阔的世界。

徐志摩的朋友，大家都叫他“老金”的哲学家金岳霖，实际上是梁家一个后加入的成员，就住在隔壁一座小房子里。梁氏夫妇的起居室有一扇小门，经由“老金”的小院子通向他的房子。通过这扇门，他常常被找来参加梁氏夫妇的聚会。到星期六的下午老金在家里和老朋友们在一起的时候，流向就倒过来了。在这种时候，梁氏夫妇就穿过他的小院子，进入他的内室，和客人混在一起，这些人也都是他们的密友。

《庄子·大宗师》曰：“（子祀、子舆、子犁、子来）四人相视而笑，莫逆于心，遂相与为友。”所谓“莫逆”，便是心如一、念如一、情至深、意至深的友人。费氏夫妇与梁林夫妇便是如此。这份友谊渗透至彼此的生活微处、工作困境、前途险时、未来暗冷或明暖之日。

一点一滴，都是深刻的、铭心的。

1934 年，林徽因最重要的考察行旅则是与梁思成一起在美国朋友费正清、费慰梅夫妇的陪同下去往晋汾。这场行旅，亦成为两对夫妇之间珍贵友谊之最美印证。友人之间，总要共同经历一两件万劫不忘之事，以雕刻于时光深处，供一生一世去忆念。

18

晋　汾

1934 年 8 月，梁思成和林徽因准备邀请费氏夫妇去北戴河避暑，费氏夫妇也发出邀请，欲相伴去往山西汾阳城外的峪道河边消夏。因梁林夫妇计划不久之后去山西赵城考察，赵城距离汾阳不远，思虑之后，便决定放弃北戴河避暑计划，转而与费氏夫妇去山西汾阳的峪道河。

峪道河旁有一个由小磨坊组成的村落，是个清静美妙之地。每年夏日，此处都是绿杨蓊郁，又有溪水流经，风景佳美，实在是个避暑的好地方。费氏夫妇便住在当中一间已被他们的传教士友人购置的磨坊里，等候梁林夫妇的到来。那处，正如费慰梅在《梁思成与林徽因》一书中写的一般：

一道从附近山上奔泻而下的溪流，穿过长满了白杨的山谷、斑驳的树荫，汩汩流过磨坊的厚石墙。在华北炎热的夏季，磨坊内自有一股清凉。

不日，梁林夫妇便抵达了这一处幽静之地。四周美景令林徽因甚觉欢喜，后来她在散文《山西通信》里写道：

居然到了山西，天是透明的蓝，白云更流动得使人可以忘记很多的事，单单在一点什么感情底下，打滴溜转；更不用说到那山山水水，小堡垒，村落，反映着夕阳的一角庙，一座塔！景物是美得到处使人心慌心痛。

当时，费氏夫妇还特地将费正清的一名助手请来做向导。此人狭隘，对村野之妙并无兴趣，甚至看不起当地村民，虽也会说一些费氏夫妇不知晓的掌故来活跃气氛，但到底气场是不对的。因此，梁林夫妇一到，他顺势就离开汾阳，回了北平。

梁思成心思缜密，时时不忘建筑考察一事。入住不久，他便四处走动，对附近寺庙做了一轮简单考察。而后，又拟订了一个考察计划，准备从省城太原出发，一路南下，至赵城。途经八个县城，行旅并不轻松。虽有费氏夫妇伴行，但计划赶不上变化，前途困阻不断。

林徽因一行人很少将心思集中于政治，并没有及时掌握清楚当时政局之细微变化。当时，山西军阀阎锡山为抵制南京政府军北上，在其必经之路上铺设了窄轨铁路阻断标准轨距的火车进入。而林徽因等人对此毫不知情，得到消息时，他们已准备就绪，将要出发。一时间，来不及更改计划。

他们从传教士手中租来一辆汽车，不想天公不作美，瓢泼大雨将黄土马路淋至泥泞，无法通行。四人只能将行李搬入临近的一座庙里。次日，租了两辆驴车，又雇了船走水路，终向介休行进了约二十五公里。

黄昏时分，他们终于见到了之前听闻的阎锡山铺设的窄轨铁路。场面极混乱，铁轨旧损歪扭，高低不平，不成样子。大路完全无法通行，只能走轨道旁的一条逼仄小路。如是颠簸再三，几人都疲乏了，最终，只能再次止步，寻找旅店投宿。

第二天，他们发现能助自己穿过那些逼仄小路南下的交通工具只有和车身同样窄小的人力车。但此时，多数车夫都因战事需要被征调至他方，所剩无几。庆幸的是，在旅店老板的协助下，他们一行人最终找到了三位车夫，得到了三辆人力车。

如此，走了大约十四里。日暮时分，四人注意到了附近有一座门楼，夜里投宿的地方可算解决了。却不料，待一行人将行李搬入门楼之时，发现已有一群士兵睡在里面，且对四位不速之客十分不满，吵嚷个不停，直至领军的一名少校前来制止。

少校见眼下四人看上去极斯文，听完梁思成的解释后，一时间竟对四人十分钦佩，之后非常热心地在一家私人住宅里弄到一个颇精致的房间让四人住宿。这桩事，算是这一艰难路途之上意外的收获，令四人难忘。

第二天，继续南行。

只是，当时的路面情况可谓非常惨烈，坑洼不平，泥泞难行，碎石垃圾几乎铺满路面。而四人所雇之人力车到底耗费的是人力，车夫精力有限，因此，进程十分缓慢。夜幕降临时，距离下一站霍州县还有十二公里。

此时，他们可以做的事情只有一件，那就是逼迫自己前行。到底是天无绝人之路，他们深夜抵达霍州时，城门竟开着，似是专门候着四人抵达。入城之后，四人已疲惫至极，林徽因身体不好，更是寸步难再行。

一路上的费用已远超出计划范围，而几人急需休息并补充能量，庆幸费氏夫妇找人问到了传教站的地址，登门借住。抵达霍州传教站后，接待四人的是一对夫妇，带着六个孩子一起生活。传教站环境整洁，又有热心夫妇相伴，令四人深觉温暖。这种感觉，竟已久违。

四人终于可以安稳休息两日。在霍州县的两日里，他们休息之余，考察了不少地方。譬如，太清观、文庙、东西福昌寺、火星圣母庙、县政府大堂、北门外桥极铁牛等处。两日之后，四人重新启程，去往此行的最后一站——赵城。

抵达赵城之后，四人依旧住在费氏夫妇认识的当地传教士所安排的地方。一路上始终依靠这对美国友人寻找传教士的帮助，令梁思成和林徽因心中甚为不安。毕竟行旅所经之地是在中国。

在此行终点赵城一带，梁思成和林徽因主要考察的是霍山山脉南麓的广胜寺。广胜寺分上、下两寺，于东汉建和元年（147 年）创建，初名“俱卢舍寺”，唐代改称今名。大历四年（769 年）重修。元大德七年（1303 年）地震毁坏后重建。明、清两代又予以补葺，始成现状。

起初，吸引梁林夫妇欲来此处考察的主要原因，是 1933 年此寺发现了宋版藏经。得知此消息之后，梁思成认为此寺很可能也是建于宋代。可经二人考察，并非如此。虽然此寺的始建年代较早，但中间曾遭地震，破坏严重，彼时二人得见之寺内建筑，则是元末明初时重建而成的。这令梁思成颇为遗憾。

好在寺中的琉璃宝塔令二人惊艳。

数日考察完毕之后，四人启程返回峪道河。继而，回京休养。此行考察之困难百出，令身有病患的林徽因与跛足的梁思成元气大伤。但当中意趣甚多，收获亦不少。日后回忆时，总觉得是佳美的。两对友人的情意在这一路辛苦之后，愈加深厚。

费正清后来说：“我们的友谊是在艰难时刻同甘共苦所结成的，在空旷道路上的历险使我们四个人在难以忍受的环境中相依为命，不分主客。”

在山西考察的过程当中，林徽因创作了散文名篇《山西通信》，1936 年 8 月 25 日刊登在《大公报》文艺副刊上。这篇文章融会了林徽因对这一趟晋汾建筑考察之行旅的各种微细感受，或伤憾，或欢喜。此行的所见所得令她受益匪浅，与费氏夫妇的友谊也得以见证。

晋汾之旅的始末经过，大概即是如此。

19
凋　红

1934年，梁思成的第一部单行本著作《清式营造则例》由中国营造学社出版。20世纪30年代初，梁林夫妇加入营造社之后，林徽因成为梁思成建筑研究工作上最重要的同伴。无论是大小建筑考察，还是建筑学著作撰写，林徽因都给予了梁思成最大程度的帮助。

此书，是梁思成建筑学研究事业的一个标志性成果。它之于梁思成而言，所蕴含的意义自是非同一般。正是诸多成果日渐累积，使得梁思成愈加清晰地知道，林徽因之于自己是多么重要。

后来人说，没有旧年旧日的林徽因，就不会有梁思成今时今日的成就。此说不为过。梁思成自己亦坦诚说："我不能不感谢徽因，她以伟大的自我牺牲来支持我。"在《清式营造则例》的序言当中，他也说：

内子林徽因在本书上为我分担的工作，除《绪论》外，自开始到脱稿以后数次的增修删改，在照片之摄制及选择，图版之分配上，我实指不出彼此分工区域，最后更精心校读增削。所以至少说她便是这书一半的著者才对。

在《清式营造则例》出版之后，梁思成的工作任务愈加繁重起来。之后，当时的国民政府中央研究院交给营造社一项测绘故宫建筑群的任务。如此重任自然由梁思成全权负责。因任务规模庞大，完成它需要的时间跨度较大，后来，抗日战争爆发，测绘和整理工作不得不中断。

1935年年初，在梁思成忙碌山东曲阜的孔庙修缮和养护一事时，林徽因的肺结核病不幸复发。林徽因不得不接受医生建议去往北戴河疗养，如此一来，梁思成的工作多少会受到影响。

令梁思成欣慰的是，经过医生再三叮嘱，妻子终于停下了手边一切琐碎工事，安稳休息。虽然她最终并未依照医生所说的卧床三年，但亦保证了至少半年内不再忙碌。梁思成时常劝说她身体弱，勿操劳，勿担忧，勿挂记世间不绝之人事。而今，这桩最重的心事也算有所纾解。

林徽因是心有川海的女子，创作欲念旺盛。因此，若是要她真真“闲住”，万事不理，决然是不可能的。在这期间，她虽对身体健康有所顾忌，没有出行考察古建筑，却在文学创作上建树不小。

是年6月，林徽因在《文艺月刊》第七卷第六期上发表了诗作《吊玮德》。随后，小说“模影零篇”系列之《钟绿》《吉公》，诗《城楼上》以及散文《纪念志摩去世四周年》发表在《大公报》文艺副刊上。还创作了诗《灵感》，未发表，日后被收录在她的诗集里。

林徽因深迷北戴河佳美风景，曾邀费氏夫妇小住，后因梁思成的二娘王桂荃不悦而作罢。王桂荃是梁启超的第一任夫人李蕙仙来梁家时的陪嫁丫鬟。后由李惠仙做主，嫁给梁启超做妾。王桂荃思想保守，费氏夫妇要是去往北戴河与梁林夫妇同住，都是年轻男女，十分不妥。因此，此事也就不了了之。

待林徽因疗养数月身体好转之时，政局愈加动荡，世人愈加不安。是年 11 月 21 日，日本人下令将天津的《大公报》停刊，强行以一份新的《联合亚洲先驱报》取而代之。报社不少社员被强行劳作，不过也依照旧例继续给林徽因寄赠样报。

据《新文学史料》1999 年第二期第 165 页记载，当时，林徽因收到报纸，读了社论之后，可谓是怒发冲冠。得知有近五十名老社员留下，林徽因忍不住当场厉声责问："难道他们不知道他们在做什么？"身旁的梁思成亦气愤至直接将报纸丢入火炉。

此事实乃后续动荡之征兆。

彼时，林徽因也是隐隐知道一些的，往后的日子大概不一样了。她心中尚有明光，尚怀揣热烈希望，只是稍有不安。不想，待她疗养结束回到北总布胡同之后，可怕的事接踵而至。总是令她那么为难，这生活。

她有一个同父异母的弟弟，名叫林恒。林恒是林徽因的二娘程桂林所生，与生俱来的血缘羁绊，让林徽因对他并无芥蒂。林徽因思想开放、进步，决然不会因为与他们本身并无关系的老人旧事续恨。不过林徽因的母亲何雪媛并不如此。

何雪媛思想陈旧，对程桂林的怨恨深入骨血。在林徽因从北戴河回到北平之后，林恒为了报考清华大学机械系，便在姐姐家中备考复习。而自林徽因回国后，何雪媛便一直与她和梁思成同住。林恒的到来，令何雪媛极不称心。

母亲对林恒的态度很不和善，让林徽因陷入一个为难的处境。林恒心中明白，大娘对自己心存芥蒂，而长姐林徽因待他委实无可挑剔，极其贴心。林恒无法，只能在大娘的脸色之下，时时念着长姐的好，来度过这段时光。

1935年12月9日，“一二·九”运动爆发，北平六千余名学生游行示威。一时间，大街小巷皆充斥着“反对华北自治”“停止内战，一致对外”“打倒日本帝国主义”等政治口号。随之，各地学生皆群起响应，声势浩大。

梁思成同父异母的妹妹梁思懿是“一二·九”运动中的学生骨干，是燕大学生领袖，被称为“燕京三杰”之一。1933年，她考入燕京大学医学预备班，原本打算三年之后入协和医学院学医。后来为参加革命，转入燕京大学历史系，并自1935年下半年始投身学生运动。

12月9日当天，梁思懿便遭到官兵毒打，随时面临被捕的危险。幸得兄嫂相救，将她藏于家中，并安全送往了南方。此时，冀察政务委员会因学生游行示威被迫延期成立，“一二·九”运动推向高潮。

坏事不绝，林恒突然失踪。因国民政府对学生运动残酷镇压，不少学生受伤住院，甚至丧生。林恒正是热血少年，所以也参与了运动，不料在西城地区被人打昏。

林徽因一行人找了十二个小时，才找到林恒。当时，林恒奄奄一息，林徽因再一次因绝望而感到惶恐。她与林恒感情极深，守在命悬一线的弟弟身旁时，一阵恐惧将她包围。

那种恐惧，多年前得知父亲去世时，亦有过。

经此一劫，林恒康复之后，便毅然决定放弃报考清华大学机械系，改考空军学院。人生世事总是如斯难料。彼一时，风清月朗、天宽地阔；此一时，则是山荒水浩、啸海风涛。

20

微 光

早在 1931 年 9 月 18 日，日本制造了“九·一八”事变，日本驻中国东北地区的关东军突然袭击沈阳，以武力攻击东北，发动了对中国的战争。当时，林徽因虽已返回北平，在香山疗养，但当“九·一八”事变的消息传到北平时，她心中剧痛。

当年离开东北大学，除了林徽因身患顽疾和营造社之邀之外，日军的侵略动作便是第三个原因。林徽因是断然不会与敌人共生一处的。她是烈性女子，长期处于险境之中，也不知自己是否会做出疯狂的举动，闯出祸来牵累亲友。

本以为，离开沈阳可得安宁。

不想，日本野心膨胀，愈加张狂。“一二·九”运动之后，北平危机的消息传开，包括诸多文人在内的各界人士皆有所行动，欲离开北平，几所国立大学也纷纷准备南迁。然而，中国营造学社的领头人朱启钤并无此意。梁思成权衡再三，毅然决定将营造社的珍贵资料转移到他处，以防落入敌手。

梁林夫妇以及各界友人，皆面临着去留选择问题。此时，挚友费氏夫妇在华的学业正好结束，二人决定在圣诞前夕返回美国。与梁林夫妇被迫分离，费氏二人心痛至极。费正清后来回忆这段往事时说：

让我们把中国的艰辛工作暂时丢下了。我们切身体验到既宽慰又内疚，心中不免百感交集：那么多的美国人已把自己的思想感情跟他们的不太幸运的中国朋友联结在一起了。

跟像梁氏夫妇那样的朋友告别，确实是极端痛苦而难忘的。我们彼此互相切磋琢磨，我们也竭尽全力彼此相互接济。菲莉斯（按，林徽因的英文名字）已成为我们两口子最亲密的朋友。我们的分手告别真是十分令人心碎。

日军将要攻入北平的消息已传开，日本政府弃事实于不顾，竟出面否认对华北的侵略意图。虽是幌子，但客观上也让北平得到了极为短暂的宁静。这段时期，林徽因迫使自己潜心于文学创作，以求在文字当中寻找慰藉。

以此疗愈内心伤痛，得片刻安心。

虽然沉重的家务和家中人事变迁皆令林徽因身心疲乏，譬如弟弟林恒的事，梁思成妹妹梁思懿的事，以及梁思成长姐梁思顺与林徽因不合等事，但她依然用尽心力坚守初之梦想。

1936年，林徽因先后创作并发表了诗歌、散文、小说和评论十余篇，当中包括她的名诗《记忆》《静院》《八月的忧愁》，散文名篇《究竟怎么一回事》等。她写《微光》：

街上没有光，没有灯，
店廊上一角挂着有一盏；
他和她把他们一家的运命
含糊的，全数交给这暗淡。

街上没有光，没有灯，
店窗上，斜角，照着有半盏。
合家大小朴实的脑袋，
并排儿，熟睡在土炕上。

外边有雪夜，有泥泞；
沙锅里有不够明日的米粮；
小屋，静守住这微光，
缺乏着生活上需要的各样。

缺的是把干柴；是杯水；麦面……
为这吃的喝的，本说不到信仰，——
生活已然，固定的，单靠气力，
在肩臂上边，来支持那生的胆量。

明天，又明天，又明天……
一切都限定了，谁还说希望，——
即使是做梦，在梦里，闪着，

仍旧是这一粒孤勇的光亮？

街角里有盏灯，有点光，
挂在店廊；照在窗槛；
他和她，把他们一家的运命
明白的，全数交给这凄惨。

如许凄惨。

她是写给：

战争。
贫民。
绝望。
运命。
和，时代。

人生世事总是如斯难料。彼一时，风清月朗、天宽地阔；此一时，则是山荒水浩、啸海风涛。

——喜欢你是寂静的——

伍

人生如陌上阴天

21

伽　蓝

世道已乱。

而她，尚未步入孤绝境地，心中仍有微细希望，惦念昔日之理想。她知道，一场无法避免的灾难即将来临。她依然想要远行一回，哪怕是做最后的纪念。因此，在抗战爆发之前，林徽因和梁思成在艰险的条件下坚持进行了几次较重要的古建筑考察。

1936年5月28日，林徽因与梁思成去了河南洛阳，和先前抵达的刘敦桢、陈达明等人一起去考察著名的龙门石窟。龙门石窟，中国三大石刻艺术宝库之一，位于河南省洛阳市南郊伊河两岸。自北魏至北宋四百余年建造而成，至今仍存有窟龛两千三百多个、造像十万余尊、碑刻题记两千八百余品，数量之多，位于中国石窟之首。

龙门石窟之雄奇令林徽因震惊。她说："我现在是坐在最大的露天石窟龙门下面，那九座最大的佛像，或坐姿或立姿，或静止或活动，都瞪着我（我也瞪着他们）……我被只有在这种盛大场面才会产生的恐惧感压倒了。"

考察龙门石窟时，由于气候、环境等诸多因素使然，林徽因一行人所入住的旅馆遍布跳蚤。梁思成回忆说：“我们回到旅店铺上自备的床单，但不一会儿就落上一层沙土，掸去不久又落一层，如是者三四次，最后才发现原来是成千上万的跳蚤。”林徽因也在写给梁思成妹妹梁思庄的信中说：“整天被跳蚤咬得慌，坐在三等火车中又不好意思伸手在身上各处乱抓，结果浑身是包！”

考察完龙门石窟之后，一行人去了关羽墓。关羽墓，在关陵，位于洛阳市南郊八公里处，是一个布局严整的古建筑群。关羽墓总面积约百亩，古柏苍郁，殿宇堂皇，隆冢巨碑，气象幽然。当中藏有非常珍贵且具考察价值的石刻艺术品，令林徽因等人惊喜不已。

他们还顺道去了开封。

古都城市，总有一种无可驱散的陈旧气场，宁静可怖。开封亦是如此。虽然行途入住的地方依旧肮脏且臭，但林徽因心中非常欢喜。他们先后考察了当地的繁塔、铁塔和龙亭等处。之后，他们又去了山东济南，考察了历城、章丘、临沂、益都、潍县、长清、泰安、慈阳、济宁、邹县、滕县等地。

令林徽因难忘的是，位于历城柳埠青龙山麓的古代名刹神通寺，当中有一座四门塔，建于隋代大业七年（611 年），外形与云冈浮雕类似。另外，泰山脚下泰安城内的岱庙是此行考察一大收获，它是泰山最大、最完整的古建筑群，为道教神府，是历代帝王举行封禅大典和祭祀泰山神的地方。

日本人曾说中国已不存在唐代木构建筑，若想一睹唐代木构建筑之风采，唯有奈良可见。梁思成和林徽因不信，带着寻觅唐代木构建筑之信念，他们在史籍资料当中寻到了蛛丝马迹，并决定去往山西五台山一探究竟。

次年 6 月，梁林夫妇和莫宗江、纪玉堂一起去往五台山，寻找极有可能存在唐代木构建筑的佛光寺。在途经榆次的火车上，林徽因发现远处有一座庙宇，迅速判断出该庙不寻常，始建年代久远，应当前去考察一番。于是，一行人便临时下车去往林徽因所见之寺庙。

这个寺庙叫永寿寺，规模不小，但因年代久远，而今只剩一座雨花宫。雨花宫建于宋代大中祥符元年（1008 年）。该建筑在 1949 年之后被拆除了。因此，当年林徽因等人留下的照片、测绘数据及相关资料弥足珍贵。

而后，一行人按原计划继续前往目的地太原五台山佛光寺。佛光寺位于五台县城东北三十公里处，始建于北魏时期。抵达佛光寺后，他们果真发现有数处唐代木构建筑，还有不少泥塑、石刻、壁画、墨迹。另外，还有魏唐时期的墓塔、石雕等。这些都是极为珍贵的历史文物。

这一天是 1937 年 7 月 7 日。

梁思成说：“七月十五日傍晚，我们在辛苦工作一天之后得到了一捆报纸，那是从太原带过来的，因为公路被水淹延迟了几天。当我们回到帐篷里躺在帆布床上读报的时候，赫然在目的大标题是：‘日本猛烈进攻我平郊据点’，战争爆发已一星期了。”

考察完毕，一行人至代县休息，这时林徽因才看到报纸，得知他们发现国内已知最古老的木构建筑之时，竟是抗日战争全面爆发之日。夫妻二人得到消息之后，一路绕道回到北平。可是那里已经变成了一个战场，冰冷的刺刀与滚烫的血肉把北平染得通红。

不过是去年的春天，花香，
红白的相间着一条小曲径，
在今天这苍白的下午，再一次登山
回头看，小山前一片松风
就吹成长长的距离，在自己身旁。
人去时，孔雀绿的园门，白丁香花，
相伴着动人的细致，在此时，
又一次湖水将解的季候，已全变了画。
时间里悬挂，迎面阳光不来，
就是来了也是斜抹一行沉寂记忆，树下。

世间局势幻变之迅疾，犹如林徽因笔下的《去春》之哀伤。

22

尘　烟

一场未能避、不可免的战争。

在抵达北平见到北总布胡同口已挖了战壕时，林徽因知道，这生活，再也不一样了。彼时，她看到这世界，心是日渐孤寒，也担心自己终有一日会在那无温的日光下变得绝望至极。

回到家中，林徽因与梁思成开始商量何去何从。人，事，物，无一不令人烦扰不绝。但无论是哪一方面，他们都将要面临或轻或重的放弃、损失、牺牲。其实，也就一个瞬间，林徽因与梁思成两两相视，心中便有了主意。

商议之后，首先做出决定的是梁思成。为了避免诸多经过艰辛考察得到的古建筑测稿、图板、照片、模型、笔记和图书资料落入敌手，梁思成决定将其存入天津英租界的英资银行的保险库里，战后再取出来。同时，梁思成把自己几篇极珍贵的论文寄往美国，请费正清夫妇帮忙保存或发表。

另一头，林徽因则开始打点家中细软。

不久，梁思成就收到了东亚共荣协会发来的请柬，邀请他参加会议。梁思成知道，若是应了邀，苟全了人生，那么这一世也将难再得到良知轻饶。汉奸的帽子怕是无法再摘掉了。时候到了，他们一家人不得不走了。

1937 年 7 月 28 日，北平沦陷。在北总布胡同准备了近四十天后，9 月 5 日，包括林徽因母亲在内的梁家一家五口人，带上了随身行李和欲存入英资银行的建筑资料，匆匆踏上了行途。这是一条极漫长又充满艰难险阻，甚至未来不能预料的路途。

他们告别了最好的时光，和北总布胡同三号院。

第一站是天津。抵达天津之后，梁思成将资料和珍贵物品存入银行。而后，致信费正清夫妇，随信寄去了那几篇论文，并简单告之了自己和林徽因的行程。因北平沦陷的第三日，天津亦已沦陷，所以此时的天津不是可久留之地。

如梁思成在写给费正清夫妇的信中所说，他们打算“坐船到青岛去，从那里再经过济南，去到换车船不超过五次的任何地方，最好是长沙，而其间的空袭要尽可能的少”。

9 月 25 日，在天津逗留了二十日之后，林徽因一家人自天津登船南下，同行的还有金岳霖和朱自清等人。9 月 28 日，一行人抵达青岛，再经济南、徐州、武汉，于 10 月 14 日抵达长沙。也许是因为文人避乱经验不足，他们竟住在必成军事攻击目标的火车站附近。

韭菜园教厂坪的民宅是一座灰砖砌成的房子。简陋、陈旧，有一种衰败的气息。但林徽因并不在乎。

她在这临时的小家里将丈夫、子女、母亲的日常起居打理得井井有条。昔日的一代才女，而今亦能收放自如，将一颗心从文学、建筑上抽离开来，将姿态放得极低，想做一个寻常女子，而且心中也是快乐的。如是，安好。

只是，战争年代，片刻安稳便是奢侈。

11 月下旬，林徽因一家的住处遭到日军三次空袭。住房被炸塌，他们死里逃生。后来，林徽因在写给费慰梅的信中说到了这次经历：

长沙第一次遭到空袭时，我们的住宅差不多是直接被一颗炸弹命中。炸弹落在离住宅大门十五码的地方，我们在这所住宅里有三间房子，作为我们临时的家。当时我们都在家——外婆、两个孩子、思成和我。两个孩子都有病躺在床上。谁也不知道我们是怎样逃脱被炸成碎片的厄运的。当我们听见先扔下来离我们较远的两颗炸弹的可怕炸裂和轰鸣声以后冲下楼梯时，我们的房子已经垮了。出于奇特的本能，我们两人一人抓起一个孩子就奔向楼梯。但我们还没有到达地面，近处那颗就响了。我抱着小弟（儿子）被炸飞了又摔到地上，却没有受伤。同时房子就开始裂开，那大部分是玻璃的门窗啦、镜框啦、房顶啦、天花板啦，全都倒下来雨点般地落到我们身上。我们从旁门冲出去，到了黑烟呛人的街上。

当我们向联大的防空洞跑去的时候，另一架轰炸机正在下降。我们停止奔跑，心想这次跑不掉了，倒不如大家要死死在一起，省得孤零零地活着受罪。这最后的一颗没有爆炸，而是落在我们在跑着的那条街的尽头。

我们的东西（现在已经很少了）都从玻璃垃圾堆里掘出来了，现在，我们就在这儿那儿的朋友家暂住。

林徽因所说的朋友，主要是指张奚若等人。张奚若早年在哥伦比亚大学读政治学，与林徽因的蓝颜知己金岳霖是同班同学。张奚若与林徽因感情极好，亦可谓是莫逆之交。林徽因家被炸毁的当晚，一家人向张奚若求助，张奚若便将租来的两间屋子中的一间腾出来给梁家人住，自己一家五口挤在了另一间屋内。

长沙亦已不安全。一场灾难之后，梁家的生活变得拮据。长沙的秋冬阴冷潮湿，在北平干燥的环境里住习惯了的林徽因，身体愈加虚弱。于是，梁思成决定尽早向昆明迁徙。林徽因在写给费慰梅的信中也说到了这次迁徙决定：

我们已决定离开这里到云南去。我们的国家还没有健全到可以给我们分派积极的战时工作的程度，因此我们目前仍然是“战时厌物”。因此干嘛不躲得远远的给人腾地方。有一天那个地方（昆明）也会遭到轰炸，但我们眼前实在没有别的地方可去。

12 月 8 日，梁家人去往昆明。

林徽因一家离开长沙时，张奚若、金岳霖等人都前来相送。那一刻，她那颗坚硬的心终于恢复了旧日柔软，忽又变得孤独、伤感。而今的一切，她是早有预料的，只是这危机四伏的漫漫长途，一点一点消磨了她心中的光亮，她终究是伤透了。

人世一回，总有心碎。

这趟迁徙之行，起初并不算坏。心虽已旧，但那山山水水依旧在世上，与人无碍。好景依旧在途，总是可以看见几处赏心悦目之风物。因沈从文一早跟湘西的家人打过招呼，所以林徽因一家路过湘西沅陵时便下了车，见到了沈从文的大哥，受到了悉心又热情的招待。

但好事也就止于此。而后，当林徽因一家人行至位于湖南与贵州交界处的晃县时，发生了变故。林徽因患上急性肺炎，病势凶猛，高烧四十度不退，令梁思成心急如焚。幸好同车旅客当中有一名在日本学过医的女子，助梁家人挨过了这一难。

梁思成是家中支柱，当遇到难事时，他皆要快速果决地拿出办法来。于是，当晚梁思成决定暂停前行，一家人投宿在一间破旧肮脏的旅馆里。旅馆里充斥着妓女、赌棍、酒鬼等各色人，环境恶劣，但他们别无选择，唯有蜗居此处，待林徽因康复。

两周之后，林徽因的身体恢复得差不多了，一家人重新踏上去往昆明的行途。不承想，上路不久，车竟抛锚了。这喜忧参半、心无着落的一路，正如林徽因写与费慰梅的信里所说的：

后来又有一个故事接着一个故事……关于坏了的汽车、意外的停留、投宿丑陋肮脏的小旅馆……不时还有一些好风景，使人看到它们更觉心疼不已。那玉带似的山涧、秋天的红叶、白色的芦苇、天上飘过的白云、老式的铁索桥、渡船和纯粹的中国古老城市，这些都是我在时间允许的时候想详详细细地告诉你的，还要夹杂我自己的情感反应作为注脚。

23

昆　明

1938 年 1 月上旬，昆明。

从长沙到昆明，路经常德、晃县、贵阳、镇宁、普安、曲靖。世上人事之变幻，总是伴随着离与散、难与险，终成历练。到昆明之后，林徽因一家在翠湖边巡津街找到房子住了下来。在这乱世里，那年的昆明，仍似深山古刹，幽寂、和静。

西南地区，成都与昆明是最宜居的两个地方。这里风景好，人美，较之京津与沪粤，又旧一些，也静一些。而昆明又比成都好，因它是春城，满山满野、满街满巷都是曳不住的春光。不炎热，不寒冷，总是温煦暖人。四合院，青石板，骡马声声，与世无争。

昆明的环境很好，住在那里，人亦变得从容。在抗战第二年，这里尚是一个避世的好去处。因此，不久之后，张奚若、沈从文、金岳霖、朱自清以及梁思成的弟弟梁思永等人也先后来到昆明。

北方战争激烈，好在捷报频传。暂居西南的林徽因每每听到好消息，心里总是欢喜。1937 年抗日战争发生，北大、清华、南开三所名校先迁至湖南长沙，组成长沙临时大学，于当年 10 月 25 日开学。1938 年 4 月，又迁至昆明，改称“国立西南联合大学”。

环顾周身，人事似乎在昆明有了落定和复苏的迹象，令人欣慰。营造学社复办，梁林夫妇也成为西南联大校舍的建筑顾问。昆明天气极佳，林徽因的身体也恢复得很快。一切看过去隐隐蕴含着希望，令林徽因深以为欢、以为乐、以为喜。

用金岳霖的话说，便是：“我想这里像和长沙一样，将会有某种微型的北京生活，只是它在物质上是匮乏的。可能天气是例外。太阳非常明媚，正像徽因昨天对我说的，有些地方很像意大利。”于是，她便有了这么一组小诗。

题曰：《昆明即景》。

茶铺

这是立体的构画，
　描在这里许多样脸
在顺城脚的茶铺里
　隐隐起喧腾声一片。

各种的姿势，生活
　刻划着不同方面：

茶座上全坐满了，笑的，
　皱眉的，有的抽着旱烟。

老的，慈祥的面纹，
　年轻的，灵活的眼睛，
都暂要时间茶杯上
　停住，不再去扰乱心情！

一天一整串辛苦，
　此刻才赚回小把安静，
夜晚回家，还有远路，
　白天，谁有工夫闲看云影？

不都为着真的口渴，
　四面窗开着，喝茶，
跷起膝盖的是疲乏，
　赤着臂膀好同乡邻闲话。

也为了放下扁担同肩背
　向运命喘息，倚着墙，
每晚靠这一碗茶的生趣
　幽默估量生的短长……

这是立体的构画，
　设色在小生活旁边，
荫凉南瓜棚下茶铺，

热闹照样的又过了一天！

小楼

张大爹临街的矮楼，
半藏着，半挺着，立在街头，
瓦覆着它，窗开一条缝，
夕阳染红它，如写下古远的梦。

矮檐上长点草，也结过小瓜，
破石子路在楼前，无人种花，
是老坛子，瓦罐，大小的相伴；
尘垢列出许多风趣的零乱。

但张大爹走过，不吟咏它好；
大爹自己（上年纪了）不相信古老。
他拐着杖常到隔壁沽酒，
宁愿过桥，土堤去看新柳！

市井风情，颇有京派散文小品之风味。和静，朴实，也温情。两三闲话之间，尽得生活微细之妙、之美、之风情。读她写的茶铺、小楼、旱烟、南瓜棚、老坛子、瓦罐，还有那句“宁愿过桥，土堤去看新柳”，实在是舒畅。稳实安静生活之美妙，不过如此。

后来，林徽因还发表了散文《彼此》和诗《除夕看花》。

可惜，终有一日，昆明之寂静也被打破，消散殆尽。1939 年，日军开始轰炸昆明。秋冬时节，轰炸日趋频繁，林徽因一家被逼再次迁徙，从城里迁到市郊。起先住在麦地村的尼姑庵里，庵中无尼姑，但村里女子仍旧会不时地来这个被当作营造学社办公室的庵里烧香还愿。

彼时，梁思成的身体也大不如从前。早在离开北平时，梁思成就身患脊椎间软组织硬化症，医生为他设计了一副铁架，需要“穿”在衬衣里支撑脊骨。到昆明后不久，又因扁桃体脓毒疼痛不已，致使扁桃体被割除。后来，又因牙周炎拔除了牙齿。可谓是遍体鳞伤。

即便如此，他依旧无法弃建筑研究于不顾。这“建筑痴儿”依然和刘敦桢、莫宗江等人在这年秋天去往四川西部四十多个县区进行野外考察，长达半年之久。日益贫苦的生活，在很大程度上拖垮了林徽因原本多病的身体。在平淡和琐碎的生活中煎熬，苦且绝望，但她坚强。

只是，读到李健吾谈此时的林徽因的一段话时，我不能自抑地伤心起来。他说：“有人看见林徽因在昆明的街头提了瓶子打油买醋。她是林长民的女公子，梁启超的儿媳……他们享受惯了荣华富贵，如今真就那样勇敢，接受了上天派给祖国的这份苦难的命运？”

人生要起伏有致才能平安，太过顺畅反而难以久长。与贫困、灾难交过手的人，方才有机会领悟更深层的生与运命的意义，亦才有机会真正地与人生真相靠近。这充满困苦悲伤的生活，是祸是福，谁又能真正说得清楚呢？

1940年春，林徽因一家再次移居到昆明市区十五六里之外的龙泉镇龙头村，距之前暂住过的尼姑庵有两里路之遥。这一次，他们亲自动手，在借来的地皮上设计了属于自己的家，用未烧制的土坯砖盖了三间简单的小屋，而这竟成为梁林夫妇一生当中唯一为自己设计的房子。

战时物价疯长，林徽因家的几间小屋的建筑经费超出预算一倍，使他们几近破产。幸亏远在美国的费氏夫妇出手相救，寄了两张支票，他们方才挨过这一劫。

距离林徽因的新家不远处，有一条水渠，渠边有村，名曰“瓦窑村”。林徽因常常闲步至瓦窑村，看作坊里的老师傅们巧弄陶坯，制作陶器。路边有两排桉树，倒也清香。多年后，回头再看那段时日，也不是没有妙趣的。

当时，除了梁家，金岳霖和钱端升等旧识老友也搬到了龙头村落户。金岳霖更是直接在梁家旁边搭建了一间简单的耳房。乍看过去，竟与当年北总布胡同的情景有些相似。旧日恍在触手可及之近处，令人欢喜。

往事如昨。
也同欢乐也同愁。

24

散　离

1939年，天津发生水灾。当年梁思成存放在天津英资银行保险库的珍贵建筑资料全部遭毁。纵是如此，梁思成等人也未放弃建筑研究工作。自营造学社南迁至昆明复办之后，梁思成等人的古建筑考察工作也持续了下来。

1940年11月，昆明也遭破坏。营造学社附属中央研究院历史语言研究所，决定迁至四川。梁思成等人自然也要跟随前往。但西南联大并未撤离。如此一来，梁、林二人将面临与旧识老友金岳霖、张奚若等人的分离。

在那个年代，知友之贵，无法言表。所以，离开几个知己友人，对梁、林二人而言，是极艰难的一件事。然而，林徽因不知道，前路暗仄，竟有更残酷的掠夺会发生在她身上。次年春，林恒牺牲。

当年“一二·九”运动之后，林恒易志，弃笔从戎，弃读清华，改考空军学院。1941年春天，在成都的一场空战当中，由于地面警戒系统失灵，敌机已飞临成都上空时，他们方才仓促应战。林恒匆匆起飞时，被敌人击中头部，当场死亡。

不过只是二十出头的年纪，本应有更长久的美好时光。这与当年林徽因的父亲林长民之死实在太相近了。林徽因不知，她身边最重要的几个男人是否都将会在那枪林弹雨中与她别离。

然而，林徽因是在三年以后才知道弟弟牺牲的。

梁思成之所以将此事隐瞒，是有原因的。当年，梁家人从长沙迁往昆明时，在晃县结识了几位年轻的航校学员。当时，林徽因患急性肺炎，全靠那几个年轻人帮助，方才得到医治，找到住处。虽然那不过是肮脏旅馆里的一间破旧小屋，但已极难得。

那日，林徽因得到旅日女医生的紧急救治之后，急需一处可卧的地方休养。但晃县条件落后，难寻住处，几次投宿无门。恰巧此时梁思成听到了小提琴声。能在这样的地方听到这样的声音，想来那拉奏的人一定是有学识、有素养的。

梁思成的机智救了林徽因。他循声找去，果然找到一家旅馆，虽内中不堪，但梁思成觉得找到那拉奏的人，定能得到帮助。于是，他找到后便去敲门，不曾想，开门的人并非是儒雅君子，而是潇洒军人。梁思成忽觉有些尴尬，但他还是说明了来意。

幸运的是，年轻的军人十分讲义气，立刻将梁家人迎入屋里，给他们腾出了一间房。不久之后，那些军人也要前往昆明，虽目的地一致，但梁思成等人并未同往。虽是萍水相逢，但梁林夫妇与那几位军人建立了联系。

落居昆明之后，他们常常来看望梁家人。对于离家万里、独自奔赴战场的年轻人来说，梁家竟意外地成了他们异乡路上的一盏灯、一束光、一个温柔港湾。

后来，这些军人从航空学院毕业之时，还邀请梁林夫妇作为“名誉家长”出席他们的毕业典礼。他们的感情日渐深厚。但随着战事的扩大，年轻人一个接一个地牺牲了，以至于梁家有了每逢 7 月 7 日便举家默哀三分钟之习惯。

林恒牺牲时，梁思成生怕疾病缠身的林徽因承受不住，便瞒了她，私自将林恒的后事料理妥当，并将林恒的一套军服、一把航校毕业学员的纪念佩剑藏入箱底。直到三年之后，林徽因才知道此事。

弟弟，我没有适合时代的语言
来哀悼你的死；它是时代向你的要求。
简单的，你给了。
这冷酷简单的壮烈是时代的诗，
这沉默的光荣是你。

假使在这不可免的真实上
多给了悲哀，我想呼喊，
那是——你自己也明了——
因为你走得太早，
太早了，弟弟，难为你的勇敢，

机械的落伍，你的机会太惨！

三年了，你阵亡在成都上空，
这三年的时间所做成的不同，
如果我向你说来，你别悲伤，
因为多半不是我们老国，
而是他人在时代中碾动，
我们灵魂流血，炸成了窟窿。

我们已有了盟友、物资同军火，
正是你所曾经希望过。
我记得，记得当时我怎样同你
讨论又讨论，点算又点算，
每一天你是那样耐性的等着，
每天却空的过去，慢得像骆驼！

现在驱逐机已非当日你最想望
驾驶的“老鹰式七五”那样——
那样笨，那样慢，啊，弟弟不要伤心，
你已做到你们所能做的，
别说是谁误了你，是时代无法衡量，
中国还要上前，黑夜在等天亮。

弟弟，我已用这许多不美丽言语
算是诗来追悼你，
要相信我的心多苦，喉咙多哑，

你永不会回来了，我知道，
青年的热血做了科学的代替；
中国的悲怆永沉在我的心底。

啊，你别难过，难过了我给不出安慰。
我曾每日那样想过了几回：
你已给了你所有的，同你去的弟兄
也是一样，献出你们的生命；
已有的年轻一切，将来还有的机会，
可能的壮年的工作，老年的智慧；

可能的情爱，家庭，儿女，及那所有
生的权利，喜悦；及生的纠纷！
你们给的真多，都为了谁？你相信
今后中国多少人的幸福要在
你的前头，比自己要紧；那不朽
中国的历史，还需要在世上永久。

你相信，你也做了，最后一切你交出。
我既完全明白，为何我还为着你哭？
只因你是个孩子却没有留什么给自己，
小时我盼着你的幸福，战时你的安全，
今天你没有儿女牵挂需要抚恤和安慰，
而万千国人像已忘掉，你死是为了谁！

这是三年之后林徽因为林恒写的悼亡诗，题曰《哭三弟恒》。与林

徽因往日的诗作风格迥然不同。诗意哀恸，字字皆交织着一种恨、一种愁、一种悲壮。这诗，大约也是林徽因深处绝境之地，内心唯一之出口。唯愿，战争的意义不是其他，只是为了永绝战争。

25

李　庄

李庄。

1940 年 11 月 29 日，林徽因和母亲，还有梁再冰、梁从诫姐弟二人离开昆明。他们坐车经贵州毕节入四川，过叙永、泸州，抵达南溪的李庄上坝村，耗时两个星期。梁思成脚趾感染破伤风，必须立刻医治，因此未能与妻儿同行，滞后一周。

又一场无声告别。

告别了昆明，告别了旧识老友，告别了航校青年，告别了城市生活。林徽因本以为去往李庄只是暂时的事，或许不久就可返回城里，但没有料到，在李庄，一住便是五六年。

梁家住在一个名叫月亮田的张姓大院里。梁家、营造学社办公地点、学员的宿舍以及房东皆挤在一个院里。院里的房子呈 L 形，短的一端是梁思成、林徽因的住房，长的一端便是营造学社的办公总部。院前有樟树，远处有竹林和大片田野，风景亦算佳美。

李庄位于川内，天气素来不佳，阴冷潮湿，对林徽因的肺病危害极大。加上十几日奔波，抵达李庄后，住下不足一月，林徽因便病倒了，从此卧床不起。数年奔波，彼时的梁家已是穷困潦倒。

当时梁再冰已十一二岁，记忆清晰。她后来回忆，住房十分简陋，是一处竹篾抹灰之寒舍。梁思成的收入，在物价上涨如脱缰之马的战争时期，若不及时购进粮、油，便成废纸。父女二人将随身稍贵重的物品（如表和钢笔）皆典当出去，亦无法改变饥寒交迫的现状。

他们睡的是摇晃的行军床，林徽因最好的补品便是朋友们从昆明捎来的奶粉。唯一的一支体温计被梁从诫不小心打碎之后，林徽因半年内无法量体温。梁从诫除了冬日可穿上外婆缝制的布鞋外，长年只有草鞋可穿，甚至赤脚。

忧郁自然不是你的朋友；
但也不是你的敌人，你对他不能冤屈！
他是你强硬的债主，你呢？是
把自己灵魂压（押）给他的赌徒。

你曾那样拿理想赌博，不幸
你输了；放下精神最后保留的田产，
最有价值的衣裳，然后一切你都
赔上，连自己的情绪和信仰，那不是自然？
你的债权人他是，那么，别尽问他脸貌
到底怎样！呀天，你如果一定要看清

今晚这里有盏小灯，灯下你无妨同他
面对面，你是这样的绝望，他是这样无情！

这是林徽因的《忧郁》。此诗写于最艰辛的当时。林徽因给费慰梅写信，信纸都是一张当三张使，绝不浪费任何空白之处。当时，她已瘦骨嶙峋。不久，梁思成的弟弟梁思永也病倒了。家贫如洗，总是凄凉。这一切，被中央研究院历史语言研究所的所长傅斯年看在眼中。

不久之后，傅斯年分别给教育部部长朱家骅、经济部部长翁文灏写了一封长信，请求他们给予经济支援。

傅斯年在给朱家骅的信中说：

兹有一事与兄商之。梁思成、思永兄弟皆困在李庄。思成之困是因其夫人林徽音女士生了 T.B.，卧床二年矣。思永是闹了三年胃病，甚重之胃病，近忽患气管炎，一查，肺病甚重。梁任公家道清寒，兄必知之，他们二人万里跋涉，到湘、到桂、到滇、到川，已弄得吃尽当光，又逢此等病，其势不可终日，弟在此看着，实在难过，兄必有同感也。弟之看法，政府对于他们兄弟，似当给些补助。其理由如下：

一、梁任公……其人于中国新教育及青年之爱国思想上大有影响启明之作用，在清末大有可观，其人一生未尝有心做坏事，仍是读书人，护国之役，立功甚大，此亦可谓功在民国者也。其长子、次子，皆爱国向学之士，与其他之家风不同。

……

二、思成之研究中国建筑，并世无匹，营造学社，即彼一人耳（在君语）。营造学社历年之成绩为日本人羡妒不置，此亦发扬中国文物之一大科目也。其夫人，今之女学士，才学至少在谢冰心辈之上。

三、思永为人，在敝所同事中最有公道心，安阳发掘，后来完全靠他，今日写报告亦靠他。忠于其职任，虽在此穷困中，一切先公后私。

总之，二人皆今日难得之贤士，亦皆国际知名之中国学人。今日在此困难中，论其家世，论其个人，政府似皆宜有所体恤也。未知吾兄可否与陈布雷先生一商此事，便中向介公一言，说明梁任公之后嗣，人品学问，皆中国之第一流人物，国际知名，而病困至此，似乎可赠以二三万元（此数虽大，然此等病症，所费当不止此也）。国家虽不能承认梁任公在政治上有何贡献，然其在文化上之贡献有不可没者，而名人之后，如梁氏兄弟者，亦复甚少……

此信发出十一天后，仍未见回音。傅斯年担心重庆方面无能为力或者深感为难，于是，再度写信给中央研究院总办事处。最后是经济部部长翁文灏过问了此事。当林徽因得知此事时，梁思成不在家中，林徽因深为感动，便代夫致信感谢，语词诚恳谦顺。

因傅斯年之力，梁氏兄弟最终得到多少数额的经济支柱，已无法考证。不过，据梁思成后来写给费正清的信中所说，自此之后，梁家的经济状况得到了根本性的扭转。最让人高兴的事是，林徽因的身体渐渐恢复了。

梁思成说："我们的家境已经大大改善，大概你们都无法相信。每天的生活十分正常，我按时上班从不间断，徽因操持家务也不感到吃力……而最让人高兴的是，徽因的体重在过去两个月中增加了八磅半。”就是这样，山重水复，柳暗花明。

要永远相信：

一切都会好起来的。

昔日的一代才女，而今亦能收放自如，将一颗心从文学、建筑上抽离开来，将姿态放得极低，想做一个寻常女子，而且心中也是快乐的。

喜欢你是寂静的

陆

人生如素月白莲

26 烈 艳

林徽因也是烈性女子。

她有性格，脾气也不小，是个急性子。待人待事虽真心，但也会因言语深刻用力而让人觉得强势。譬如，她与母亲一直不睦。在李庄时，梁家经济宽裕之后请了女工，母亲对女工之控制极不合理，林徽因很是不满。她便在写给费慰梅的信中毫不遮掩地说出心中不快。

教育子女时，也显出一种主观和霸道的作风来，似乎也是极有控制欲的人。梁从诫回忆说：“母亲，几乎从未给我们讲过什么小白兔、大灰狼之类的故事，除了给我们买了大量的书要我们自己去读之外，就是以她自己的作品和对文学的理解来代替稚气的童话，像对成年人一样地来陶冶我们幼小的心灵。”

梁思成性子慢，与林徽因正好互补。

梁林二人多年和谐相处，自是爱情与婚姻之大幸。不但如此，这亦给夫妻二人的古建筑研究工作提供了非常强大的力量。每每涉及建筑工作，二人便拧成一股绳，将事情一件一件做到位。林徽因从不居功，总是甘愿退到视建筑事业为生命的梁思成身后。

在林徽因心中，梁思成理应获得大成就。

不是她无心追求事业，只是身为女子，她总将心中藏纳之爱看得更重。之于林徽因，建筑是毕生事业，爱则是永恒主宰。这是天性使然。她觉得自己一生对丈夫奋力协助，是极稳妥的，亦觉得欢悦无憾。

后来，营造社从教育部得到一笔资金，人员也得到了扩充。梁思成开始不时地因公务外出，此时，林徽因更是亲力亲为，操持营造社的繁杂事务，为梁思成安顿好后方，且从不向营造社讨取分文薪水。

与此同时，停刊数年的《中国营造学社汇刊》在梁林夫妇的带领之下复办。而梁思成从 1942 年开始，接受国立编译馆的委托，编著《中国建筑史》一书，直到 1946 年 4 月方才完成。

在这部《中国建筑史》的成书过程中，林徽因一如既往，竭尽所能地为梁思成提供帮助。她完成了第六章中宋、辽、金的部分，还写了《北宋之宫殿苑囿寺观都市》《辽之都市宫殿》《金之都市宫殿佛寺》等篇，而且最终的全部书稿均由林徽因校阅补充。

除林徽因外，莫宗江等营造社的成员也参加了《中国建筑史》的编著工作。

林徽因见营造社在梁思成的领导下重新恢复了生气，心里无限欢喜。

她说：

思成的营造学社已经从我们开始创建它时的战时混乱和民族灾难声中的悲惨日子和无力挣扎中走了出来，达到了一种全新的状态。它终于又像个样子了。同时我也告别了创作的旧习惯，失去了同那些诗人作家朋友们的联系，并且放弃了在我所喜爱的并且可能有某些才能和颖悟的新戏剧方面工作的一切机会。

《中国建筑史》是我国第一部由国人自己编撰的比较系统的中国建筑史，亦是梁思成一生的建筑研究工作的里程碑。然而，所有这一切，都和那个与他朝夕相处的女子是分不开的。

所以，梁思成在前言里写道：

我要感谢我的妻子、同事和旧日的同窗林徽因。二十多年来，她在我们共同的事业中不懈地贡献着力量……近年来，她虽罹患重病，却仍葆其天赋的机敏与坚毅。在战争时期的艰难日子里，营造学社的学术精神和士气得以维持，主要应归功于她。没有她的合作与启迪，无论是本书的撰写，还是我对中国建筑的任何一项研究工作，都是不能成功的。

所有这一切，都发生在李庄那座青瓦灰棱的屋院里。

27

风　晨

我的祖国正在灾难中，
我不能离开她；
假使我必须死在刺刀或炸弹下，
我要死在祖国的土地上。

梁思成的话。

林徽因在李庄病重时，常常大口吐血。当时，美国建筑学界发来邀请，希望梁思成能够赴美讲学，并带林徽因去美国医治。梁思成和林徽因一致拒绝。梁思成在给美方的回信当中写下了上面这些话。

多年之后，有人责备梁思成，说林徽因的早逝与他当年拒绝赴美有非常大的关系。只有梁思成知道，林徽因不会怪他，因为这也是林徽因心中最热烈的表达。所以，梁思成说："我们都没有后悔，那个时候我们急急忙忙地向前走，很少回顾。今天我仍然没有后悔。"

1941 年，美国亦发生战乱。12 月，太平洋战争爆发。彼时，梁林夫妇的故友费正清和费慰梅在首府华盛顿的政府情报协调局（1942 年 6 月改名为“战略情报局”）里工作。在战争爆发之后，美方需要派情报人员去往中国。费正清积极争取有果，于次年 8 月中旬来到中国。

费正清坐飞机，沿南美洲海岸，经大西洋中部复活节岛，穿越非洲，到达埃及，再经印度洋到印度，最后飞越喜马拉雅山，抵达昆明。重踏这方土地，恍如隔世，费正清内心意绪复杂。当年一走，便是七年。

七年之人事变迁，是无法用三言两语来概括的。费正清抵达昆明之日，见朗朗晴空，阳光和煦。虽城池旧损，却依然有一种人群熙攘的气息在。似回归，像重逢。他知道，又可以见到昔年旧友了。

费正清此行终点是重庆，但飞机航班有限，他必须先在昆明等候几日。而这正合费正清的心意。在昆明，他得到当年旧识的悉心招待。他先是去了梁家曾住过的龙头村。当时梁家虽已在李庄，但仍有钱端升等旧识在此居住。

之后，他又拜访了梅贻琦、金岳霖、陈岱孙等人。而后，匆匆赶往重庆。费正清心里始终记挂着梁林夫妻，而从昆明去往李庄所需时日较多，他作为美国情报局驻华首席代表，工作任务繁重，因此，未能顺道赶赴李庄，心中甚是遗憾。

直到他听说梁思成因公务要来重庆，心中大喜。1942 年 9 月 28 日，费正清在梁思成暂住的中央研究所的招待所里见到了他。当时，梁思成亦是万分激动，握住费正清的手久不能放。已七年了！七年未见之故人，在人海重逢，情之汹涌可以想见。

梁思成忙完公务回到李庄，便将费正清来华一事告之林徽因。林徽因一时激动得不能言语。老北京的旧人旧事兀自涌上心头。哀感物是人非之余，林徽因感到庆幸，有生之年，还能与异国友人再次见面。当梁思成邀请费正清来李庄之后，林徽因便日日盼望着。

是年11月，费正清终于来到了李庄。因李庄地理位置实在偏僻，所以在费正清来李庄之前，梁思成还特地致信一封，将李庄的位置、交通情况以及其他需要注意的事一一告知。梁思成在信中说：

从重庆坐一艘破轮船到李庄上水要走三天，回程下水要走两天。没有任何办法可以缩短船行时间或改善运输手段。然而我还是要给你一张标出我们营造学社位置的地图，以备你万一在李庄登岸而又没人去码头接你时之用。船是不按班期运行的。每一次到达在这里都是突发事件。但你仍然可以用电报通知我们你搭乘的船名和日期。电报是从宜宾或南溪用信函寄来，两地离此都是60里（约20英里），它可能在你来到之前或之后到达。

在陶孟和的陪同下， 费正清于11月中旬来到李庄。初见李庄，费正清只觉此地风景佳美。入得那L形院落，方才知道这几年梁林夫妻生活之艰辛。当时，林徽因看上去非常清瘦。

在李庄，费正清睡在梁思成的“办公室”里，躺在一个摇晃的粗帆布做成的军用吊床上。当时，已是寒冬。费正清身材高大，吊床委实太短，因此他只能在吊床一头放上两条凳子来放腿。李庄条件简陋，更别提有暖气之类的取暖设施了，只能尽可能多盖些被子。

虽然条件极艰苦，但见梁林夫妇依然奋力坚守心中不灭之建筑理想，他便不允许自己对这艰苦的条件有丝毫怨怼之心。在李庄与梁林夫妻做伴的几日里，费正清对他们又更加钦佩了。

世间男女，梁、林二人最是坚强、执着。

28
白 芍

1944年，初冬。抗战胜利之曙光已露出。此时，林徽因创作的诗歌，每一句里都蕴含着希望。人世浮沉皆是转捩，万水千山皆是光明，往日蹉跎也成伏笔。好景在望，她是知道的。日子挞暗转白，缓缓盛开。她写下了这首《十一月的小村》，期待着来年之春光。

我想象我在轻轻的独语：
十一月的小村外是怎样个去处？
是这渺茫江边淡泊的天；
是这映红了的叶子疏疏隔着雾；
是乡愁，是这许多说不出的寂寞；
还是这条独自转折来去的山路？
是村子迷惘了，绕出一丝丝青烟；
是那白沙一片篁竹围着的茅屋？
是枯柴爆裂着灶火的声响，
是童子缩颈落叶林中的歌唱？

是老农随着耕牛，远远过去，
还是那坡边零落在吃草的牛羊？
……
我折一根柱枝，看下午最长的日影
要等待十一月的回答微风中吹来。

1945年，一切久违之美好渐次来临。

春。梁思成被重用。国民党政府任命他为中国战地文物保护委员会副主席，并负责领导编制一套沦陷区重要文物目录，标注在军用地图上，以防打仗时遭到破坏。目录是中英对照的，附有照片。当时在轰炸中国东部省份的日军基地的美国飞行员人手一册。

夏。费慰梅抵华。这次她是以美国大使馆文化专员的身份来到中国的，终于可以与丈夫团聚了。林徽因不知，自己竟会再次见到这位在自己一生当中扮演着重要角色的女子。

8月15日，日本投降。

日本昭和天皇裕仁以广播“停战诏书”的形式宣布无条件投降。中、美、英、苏四国同时发布日本无条件投降的新闻。

那晚，梁思成与费慰梅在美国大使馆用餐。本是再寻常不过的一日，吃饭，寒暄，乘凉。傍晚时分，一群人正坐在阳台上闲话往事，突然传来叫喊声、欢呼声、锣鼓鞭炮声，声声入耳，震耳欲聋，似那山城也要被震塌。

待梁思成奔上大街询问所为何事时，只一句“日本人投降了”，便将梁思成从困惑中惊醒。那种惊，是绝处逢生般的感觉。那是梁思成一生无法忘怀的场面，终于，他与黑暗诀别了。

梁思成只想速速回家，与妻子团聚。

不久，梁思成便和费慰梅一起搭乘军用飞机飞到宜宾，再乘船赶往李庄。梁思成知道，数年下来，熬煮内心的所有哀与恸，都将在他们三人相聚之时散灭。所有的黑暗，都将消失。

得到如此振奋人心的消息，丈夫和暌违数年的朋友又回到自己身旁，林徽因实在是激动不已。即便她身体再虚弱，甚至难以行走，她也要去李庄的街上看一看。

自那日后，林徽因时常找寻机会离开病床。她去饭铺吃面，去茶馆喝茶，去女儿就读的同济附中，甚至还去看了一场排球赛。她将自己从阴翳密布的病态中一点一点地拉回来，回到日光下，回到人群当中，重新找回往日的飒爽。

后来，林徽因想去重庆耍一耍、逛一逛，也顺便找好大夫看看病。她说，哪怕就是为了玩玩，也要冒险到重庆去。她就是这样一个热烈的女子，任何苦难都不能成为她的绊脚石。去了重庆之后，恰逢连通李庄的水道改治，不能通航，林徽因就因此告别了李庄，再未回去。

在重庆，林徽因常坐着费慰梅的吉普车四处游逛。山城重庆别有风致，林徽因之前长久待在乡间，现在见人见物都觉新鲜。年末，她还参加了美新社总部举办的美国特使乔治·马歇尔抵达重庆的招待会。至于病情，美国著名的胸外科医生埃娄塞尔博士告之费慰梅，林徽因最多还有五年的寿命。

这个消息，对梁思成而言是毁灭性的打击。林徽因却看得很开，世事无常，生死无定。林徽因真真不是寻常女子，其宽阔深广、坦然自若的胸襟实在令人钦佩。不久，林徽因又想再回一趟昆明。诸多老友皆还在那里，林徽因心中之挂念实在难抑。

次年 2 月，林徽因由重庆飞抵昆明，住在金岳霖和张奚若事先租好的当地军阀唐继尧的祖居——圆通山唐家花园。梁思成则返回李庄处理各种事情。

昆明那段时间，对于林徽因而言，实在是一段极美好的时光。林徽因说："一切最美好的东西都到花园周围来值班，那明亮的蓝天，峭壁下和小山外的一切……这是我搬进新房子的第十天。"只是她的身体依旧脆弱，病情依然在恶化。

6 月 5 日，林徽因在住处举行了生日茶会。众好友无一不前来道贺，与之同乐。不久之后，西南联大恢复了北大、清华、南开三校，并着手迁回北平。而林徽因始终念念不忘的老北京，也日渐浮现在心头。

她知道，她该回去了。

29 无常

1946年7月31日，归返。

7月初，林徽因和梁思成分别从昆明、李庄会聚重庆。月末，两人一起乘飞机离开重庆，归返北平。费正清也于这年夏天返回美国，次年春，费慰梅返美。梁林夫妻与费氏夫妇自此永诀，唯有书信往来作牵系。

归返一事，林徽因不是没想过，甚至在困苦绝望的时日里从未停止过。可是，当这一日真的来临时，她心中竟有些虚空。她从未否定过自己对李庄之困窘生活的憎恶，然而此刻，那潜滋暗长于心底的哀伤，亦似有来处。

她怀念的是，绝境之下从未断绝之奋进。
她怀念的是，患难所见所得之旧友真情。
她怀念的是，人和人生死与共不弃不离。

那个时代，每一个时期的欢与离、痛与喜，都能在人的心上刻下一枚章印，各自蕴含无限深意。而这深意，也只有当事人经年之后再回忆起来时，可知晓领悟。定会有一种羁绊，恒存于余生的轨迹当中。再念及那灾难或侥幸，也不知是悲还是喜，是惶恐还是叹息。

这正是时间与生命之妙趣。

再回北平，林徽因感慨万千。毕竟已十年了。十年，再回首，似一弹指间。回到北平之后，林徽因一家人定居在清华大学。先是入住新林院八号，后迁入胜因院十二号。胜因院是教师住宅，也是林徽因亲自设计的。

梁家的生活自此变得宽裕、安稳。

当时，林徽因的身体依然不是很好，但无法阻碍她每日下午在家中举办茶会。金岳霖坚持要做梁家的邻居，茶会更是风雨无阻，每日必到。昔日，北总布胡同三号院“太太客厅”里的文艺沙龙似又再现，令人欣慰。

白天，她与众友谈文学、美学、哲学、建筑学，读诗歌、散文、学术著作，也读恩格斯、伍尔芙，好不欢乐。到了晚上，身体疼痛不已，咳嗽不止，无休止地吃药喝水。疾病在一点一点侵蚀她、摧毁她。昼喜夜悲之无常，让林徽因越发憔悴。

感谢生命的讽刺嘲弄着我，
会唱的喉咙哑成了无言的歌。
一片轻纱似的情绪，本是空灵，
现时上面全打着拙笨补钉。

肩头上先是挑起两担云彩，
带着光辉要在从容天空里安排；

如今黑压压沉下现实的真相，
灵魂同饥饿的脊梁将一起压断！

我不敢问生命现在人该当如何
喘气！经验已如旧鞋底的穿破，
这纷歧道路上，石子和泥土模糊，
还是赤脚方便，去认取新的辛苦。

这是林徽因的诗作《小诗（一）》。诗如她心，如她境。日日都在生命拷问之下生活，这是常人无法知悉的体悟。10月，梁思成因事赴美，远在大洋彼岸。这一次，两人分开长达八个月之久。对于林徽因而言，身体日渐脆弱，梁思成的相守相伴尤为重要。即便如此，她对丈夫的工作从不阻挠。

她时刻都在为这个与她不离不弃的男子着想。其实在入住清华之前，梁思成便已接受邀请，赴美参加联合国大厦设计委员会，之后又参加了普林斯顿大学的“远东文化与社会”国际研讨会。

梁思成赴美之时，清华大学正在筹建建筑学院。梁思成赴美之后，林徽因便拖着病体为丈夫打理诸多事宜。她指导年轻教师，与之探讨交流，从不因病懈怠。虽然林徽因从未正式列入清华教师编制，只是客座教授，但是她为建筑系做了巨大贡献。用她当年的同事吴良镛的话说，便是：“她躺在病床上，把一个系从无到有地办起来。”

1947年6月，林徽因病情恶化，侵入肾脏，需要做切除肾脏的手术。梁思成接到北平的电报之后，火速将美国的事情处理完毕，匆匆回国。那返程的路，漫漫不能忍。梁思成一路都在想，若是有一日她离他而去，那余生的时日将要如何度过。

是年仲夏，梁思成到家。

夫妻团圆，等待林徽因做手术。

30

远　音

1947年9月。

梁思成从美国回来，为亲友带了不少礼物。送给林徽因的，不是衣物，也不是饰品，而是电子玩意儿，有录音机，有可拆除的靠垫，令林徽因哭笑不得。实在是个憨实的男子，总是缺乏浪漫地生活着。

林徽因的肾脏手术，因她身体不佳，时有低烧，直至10月初方才开始。是时，林徽因住进西四牌楼的中央医院，准备接受手术。没想到，又因身体虚弱，拖延至12月。在做手术之前，她不是不惊惧，不是不恐慌。

她写了那首叫作《恶劣的心绪》的诗。

我病中，这样缠住忧虑和烦扰，
好像西北冷风，从沙漠荒原吹起，
逐步吹入黄昏街头巷尾的垃圾堆；
在霉腐的琐屑里寻讨安慰，
自己在万物消耗以后的残骸中惊骇，

又一点一点给别人扬起可怕的尘埃！

吹散记忆正如陈旧的报纸飘在各处彷徨，
破碎支离的记录只颠倒提示过去的骚乱。
多余的理性还像一只饥饿的野狗
那样追着空罐同肉骨，自己寂寞的追着
咬嚼人类的感伤；生活是什么都还说不上来，
摆在眼前的已是这许多渣滓！

我希望：风停了；今晚情绪能像一场小雪，
沉默的白色轻轻降落地上；
雪花每片对自己和他人都带一星耐性的仁慈，
一层一层把恶劣残破和痛苦的一起掩藏；
在美丽明早的晨光下，焦心暂不必再有，——
绝望要来时，索性是雪后残酷的寒流！

她开始怀疑，自己是否真能渡过此劫。她甚至在给费慰梅的信中写下了这样似诀别的话："再见，我最亲爱的慰梅。要是你忽然间降临，送给我一束鲜花，还带来一大套废话和欢笑该有多好。"幸运的是，手术很成功。

康复期间，表姐王孟瑜来北平看她，并照料她。昔时，她们尚是少年女子，欢乐，肆意，无所顾忌。而今，年长自己八岁的表姐，看过去已是面露老色，竟有沧桑之感。这生活，这岁月！

她有感作诗，写下了《写给我的大姐》。

当我去了，还有没说完的话，
好像客人去后杯里留下的茶；
说的时候，同喝的机会，都已错过，
主客黯然，可不必再去惋惜它。
如果有点感伤，你把脸掉向窗外，
落日将尽时，西天上，总还留有晚霞。

一切小小的留恋算不得罪过，
将尽未尽的衷曲也是常情。
你原谅我有一堆心绪上的闪躲，
黄昏时承认的，否认等不到天明；
有些话自己也还不曾说透，
他人的了解是来自直觉的会心。

当我去了，还有没说完的话，
像钟敲过后，时间在悬空里暂挂，
你有理由等待更美好的继续；
对忽然的终止，你有理由惧怕。
但原谅吧，我的话语永远不能完全，
亘古到今情感的矛盾做成了嘶哑。

手术虽成功，但林徽因术后恢复得并不是十分理想，刀口久久未能收疤。直到次年2月，她的身体才有好转迹象。身体日益康健，林徽因又回到了往日的热烈状态中。短短几天之内，她便寄出了十六首未曾发表的诗作。

不久，好事又近。

3 月 31 日，梁林结婚二十周年纪念日，宴请亲朋是必然的事。林徽因本来热情，也喜欢热闹。即便平日里，家中也日日有茶会，更何况是如此重要的日子。虽身体虚弱，但她仍旧将这纪念日的宴席办得让人啧啧赞赏。

这段时间，林徽因重拾旧好。除了写作，她开始再次关注在她生命里失落多年的戏剧，参加各类文艺展览和文艺演出。这年秋天，她认识了一个姑娘，一个在她以及梁思成的后半生里扮演着重要角色的女子。

林洙。

每一个时期的欢与离、痛与喜，都能在人的心上刻下一枚章印，各自蕴含无限深意。而这深意，也只有当事人经年之后再回忆起来时，可知晓领悟。

喜欢你是寂静的

柒

人生如烟花幻觉

31 林洙

初识林洙，是在 1948 年的秋日。

林洙，祖籍福建福州市。她虽不是如林徽因一般惊才绝艳之女子，但也长得端正秀丽，为人恂恂，讨人欢喜。她只比梁从诫年长七岁。来北平之前，她生活在上海。

林洙中学毕业未能考入北平名校，只被上海圣约翰大学和南京金陵女子大学录取了，可是两所学校皆是私立的，费用太高。恰逢林洙的男友程应铨受命去清华大学建筑系任教，林洙的父亲听说清华大学有先修班，因此建议林洙和兄长跟随程应铨去清华大学学习。

抵达北平之后，林洙本打算依照父亲遵嘱去拜见林徽因，但得知林徽因刚做完手术不久，身体虚弱，便将此事搁置了，不再去想。可见，林洙是个通情达理的女子。

林徽因祖籍也在福州，与林洙算是同乡，因此，林洙父亲便写信拜请林徽因在学业上给予林洙一些帮助。倒是林徽因听说林洙已来北平，主动托了人去找林洙。那日，依照林徽因的口信，林洙来到了清华大学新林院八号。

此地幽静。立在梁家门口，林洙见到门前竖有小木牌，牌上书："这里住着一个重病人，她需要休息，安静。希望小朋友们不要在此玩耍嬉闹。"虽是警语，却也亲切，想必也是无奈之举。如此，林洙便愈加有些紧张。

林洙轻敲屋门，待梁家用人开门之后，她更加小心翼翼，生怕惊扰了重病在身的林徽因。梁家屋内的装饰陈设虽简单朴素，却渗透着一种优雅。林洙环顾四周时，听到了林徽因的咳嗽声，而后，她终于见到了这位盛名在外的传奇女子。

她身着一件浅黄色羊绒衫、一条米色裤子，脚上穿着一双驼色绒便鞋。因患病，看上去瘦极了。后来，林洙说："我从没有见过比她更瘦的人了。这是和那张照片完全不同的一个人。尽管瘦弱，可她那深深陷入眼窝中的双眼却放射着奇异的光彩，一下子就能把对方抓住。"

那一日，她们聊了好多。

从英语文法到北平建筑，从皇宫到颐和园。在林洙眼中，林徽因学识渊博、充满魅力。临走前，热情好客的林徽因还说，每日下午四点会有朋友过来一起喝茶，林洙有空也过来坐一坐。初次相见，林徽因给林洙留下的印象美好又深刻。后来，林洙回忆道：

我从梁家出来感到又兴奋，又新鲜。我承认一个人瘦到她那样很难说是美人，但是即使到现在我仍旧认为，她是我一生中所见到的最美、最有风度的女子。她的一举一动，一言一语都充满了美感，充满了生命，充满了热情，她是语言艺术的大师，我不能想象她那瘦小的身躯怎么能迸发出那么强的光和热。她的眼睛里又怎么能同时蕴藏着智慧、诙谐、调皮、关心、机智、热情的光泽。真的，怎能包含这么多的内容。当你和她接触时，实体的林徽因便消失了，而感受到的则是她带给你的美，和强大的生命力，她是这么吸引我，我几乎像恋人似的对她着迷。

之后，因为清华大学的先修班停办，林洙必须自己进行复习。根据林徽因的建议，她每周都去梁家跟林徽因学习英语。林徽因在教育晚辈一事上很是严厉。这一点，她的儿女梁再冰和梁从诫以及后来的林洙都深有感触。严师出高徒的说法，自有一定道理。

除此之外，林徽因对文学和戏剧的热情也令林洙惊叹不已。林洙说："只要想知道的，她就要亲自去看看；只要想做的，她就会不惜代价地努力去做。为祖国的建筑、文学、艺术，一句话为祖国的文化，她从不吝惜自己。"

林徽因与林洙的相识，是缘。林洙在林徽因去世七年后，与梁思成相知相爱并结合，亦是缘。也许在林洙看来，能在那世间最好的女子离别之后，替她照顾梁思成，亦是一种荣耀。

纵使林洙不能超越林徽因在梁思成心中的地位，但那种与梁林夫妇终生不绝的羁绊，在林洙的心里，也是极美好、极珍贵的，充盈一生并永远值得怀念的。

32 红　尘

1948 年 12 月 13 日。

解放军进入京郊清华园，临近北平城。

是日深夜。林徽因在床上辗转难眠，她心系城中古建筑，生怕遭战争破坏。正待她欲叫醒梁思成时，发现他亦是一夜未眠。彼此只需一看，便知心中所想。但世间事，缘来时，一切都会好起来的。自有柳暗花明，水到渠成。

没过多久，夫妻二人就听到了敲门声。

挚友张奚若带来了两个军人，他们是解放军十三兵团政治部联络处负责人。进屋之后，他们便开门见山，说他们此行是为了拜请两人将城中的著名建筑和文物古迹标出来，以便军队入城时加以保护，避免遭到破坏。

两个年轻军人态度谦和、言辞诚恳，夫妻二人听后深感欣慰。林徽因不知，竟有如此远见卓识的队伍。次日，林徽因便配合梁思成带领学生们做起工作来。

他们不仅将北平重点文物的位置准确标注在北平军事地图纸上，还将之前带领学生收集古建筑文献时整理的《全国建筑文物简目》交给了解放军代表，并向他们做了详细讲解。他们对城内古建筑的保护做出了极大贡献。

政局在变。原本与梁思成来往密切的跟随蒋介石政府的许多知识分子纷纷撤离大陆，去了台湾。梁思成非常痛苦。数年来，他与林徽因所见所闻、所经历的事，已经将他们的内心信仰彻底摧毁了。一如，两年之前，挚友闻一多惨遭国民党政府杀害，令他们夫妻二人痛心疾首。

而今，这支军队竟在关键时刻不忘对北平古建筑的保护、对老北京文化的保护，令二人感动不已。后来，女儿梁再冰参军南下，更是让梁林夫妇的政治立场彻底转变了。

1949 年 9 月。

中华人民共和国国徽的设计工作逐渐展开，林徽因和梁思成负责主持清华大学设计组。几经辗转，1950 年 6 月 18 日，在中南海怀仁堂举行的全国政协第二次全体会议当中，梁林夫妇领衔设计的国徽胜过了中央美术学院设计的国徽，被正式采纳。

在设计国徽的那段时日里，林徽因家中铺满了图纸和设计稿，林徽因则拖着病躯，终日在那房室之内忙碌。一切努力都没有白费，1950 年 9 月 20 日，毛泽东正式签发主席令，公布他们所设计的国徽图案为中华人民共和国国徽。

几日之后，北平改成北京。

至此，林徽因已打破当年美国医师说她的寿命只剩五年的预言，依然奋斗在岗位之上。虽如此，但世间诸事不如意者仍多。同年，林徽因被任命为北京市都市计划委员会委员兼工程师。她与梁思成等人主张北京城市建设需以保存古城风貌为前提，坚决反对拆毁古城墙、城门、城楼和重要古建筑物，并提出了修建“城墙公园”的设想。

然而，大城墙和城门楼终究还是被拆了。

直到而今，西安成功地修建了类似的人民公园，证明了保护古城风貌与城市发展并不矛盾，人们才想起当年梁林夫妇为保护北平古城风貌时所做出的未被认可的努力。

后来，郑振铎也说：“推土机一开动，我们祖宗遗留下来的文化遗物，就此寿终正寝了。”

林徽因病得极重的时候，依然试图做最后的努力，与有关部门进行探讨。林徽因这样说：

你们拆的是具有八百年历史的真古董，将来，你们迟早会后悔，那个时候你们要盖的就是假古董。

一语成谶。

林徽因去世后，1957 年，北京城里的地安门、广安门、广渠门接连被拆毁。而今，老北京的古城风貌数量锐减。而林徽因当年说过的话，却被人一再提起。对于林徽因虽重病在身却不辞劳苦竭尽所能保护古城风貌一事，梁从诫后来回忆说：

在她已经病得几乎走不动的时候，还能有那么大的勇气去做这件事，唯一的解释就是她的社会责任感及历史责任感在支持着她，她认为自己不可能做对不起民族及子孙后代的事。

林徽因，始终以一种孤凉的姿势，坚守着她内心的原则、道义和梦想。她站在幽深的甬道里，手拈微光，摸索奋进，终至与世诀别，不愿停歇片刻，似是为了证明一种关于爱与生命的乌托邦式的永恒。人世浮华，本是寻常。然而，渺弱你我总有期待。

期待凡尘里有传奇。

恰如，林徽因宠辱不惊的一生诗意。

33

须　臾

1952 年 5 月。

人民英雄纪念碑兴建委员会成立。国徽设计工作的圆满完成，使得梁思成等人再次受命负责纪念碑的设计工作。梁思成成为建筑设计专门委员会的负责人，林徽因担任委员。而这，是林徽因生前参与的最后一项重要工作。

纪念碑从 1949 年 9 月 30 日破土奠基，到 1958 年竣工，耗时八年。而纪念碑的建筑设计工作比当年的国徽设计工作还繁重。1953 年春，梁思成又随中国科学代表团赴苏联进行了长达数月的访问，纪念碑的设计工作大多落在了林徽因的身上。

那段时间，林徽因常常彻夜不眠，收集古今中外许多纪念性建筑的材料，反复比较，并与其他工作人员反复讨论，绘制的草图不计其数。

做这些工作时，林徽因已病得卧床不起。因此，必须配一名助手。

有幸被安排来做林徽因助手的人，名叫关肇邺。多年以后，关肇邺亦成为清华大学建筑学院教授。关于当时的情形，关肇邺回忆道：

林先生更是重病在床，不能持笔，所以需要一个人帮助绘图和跑腿。组织上选我去做这件事，这是一段近两个月的工作。在梁家客厅，支起了一台简易的绘图桌，隔壁便是林先生的卧室，很便于随时把图拿进去给她审看修改。

……她的学识极广，谈论问题总是旁征博引而且富于激情。对于设计的评论，她的眼光总是敏锐而语言总是坦率的、一针见血而又幽默生动的。

林徽因亲自为纪念碑碑座设计了全套的纹饰。她选择以橄榄枝为主体的花环设计，以象征高贵的牡丹、象征纯洁的荷花、象征坚韧的菊花为饰。这是她反复研究世界各地各时代花草图案之后做出的最佳设计方案。可惜的是，林徽因的设计成果最终一一被毁，消失殆尽。

世人常论林徽因之美，也论林徽因之才，却鲜有人知道，在建筑设计工作上，她曾付出过的超于常人的辛劳。

林徽因在最后几年时光里，除了倾注建筑艺术之外，对其他艺术领域也十分关注。最令人称颂的便是她在工艺美术方面所做出的努力和贡献，而这主要体现在她对景泰蓝工艺的挽救和承继。

景泰蓝，又名“铜胎掐丝珐琅”，是一种瓷铜结合的独特工艺品。

景泰蓝的制造历史可追溯到元朝，明代景泰年间最为盛行，又因当时多用蓝色，故名“景泰蓝”。景泰蓝以紫铜作坯，制成各种造型，再用金线或铜丝掐成各种花，中充珐琅釉，经烧制、磨光、镀金等工序制成。

景泰蓝造型特异，制作精美，图案庄重，色彩富丽，金碧辉煌，具有鲜明的民族特色，十分珍贵。但在当时，造型陈旧平庸，色彩单一，图案又过于繁复，致使它濒临停产失传的危险。

林徽因得知此事之后，拖着病躯，与梁思成带领几名工艺美术工作者走访了当时仅剩的几家生产景泰蓝的工厂。林徽因知道，若要挽留景泰蓝，使之能够传承下去，必须进行工艺革新。

林徽因以不可思议之毅力亲自研究历代图案，并设计出适合生产传承的造型、图案及配色，甚至亲自去作坊指导工人烧制样品。在林徽因拯救景泰蓝初步取得成果之时，恰逢苏联文化代表团访问中国。林徽因设计的景泰蓝作为礼品传到苏联人手中，得到了极高的赞赏。

每一尊景泰蓝，都恰似风花，极是优雅。

1953 年 9 月 23 日。

林徽因出席第二次全国文学艺术工作者代表大会。那日，她遇到了萧乾。昔日的青年而今业已沧桑，但他却仍像多年以前那样，叫她“小姐”。一声“小姐”让林徽因感动不已。而今，她已不再年迈，却仍有人叫她“小姐”。就好像，时光未曾过，岁月不曾有。

就好像，她从未变化。

风华正茂。

芳华正耀。

34 孤空

死亡，永远充满绝望、痛苦和禁忌。

所以，你我从不轻易谈起。而事实上，死亡之深邃，却又应该早早被知会。彻悟死之人，方能更好地生。在战争年代，在病痛的折磨之下，林徽因的世界一次次被摧毁又重建，最终变成那个昌盛、永不衰绝之坚固模样。

1954 年，冬日。

林徽因病危，入住北京同仁医院。她娇小的身躯，在病痛的折磨之下，一日比一日单薄。形容亦在这无止境的摧毁之下，一日比一日憔悴。她渐枯萎，岁月渐阑珊。

据说，林徽因病危时，知道自己已时日不多，决定做一些事，好让自己少一点遗憾。而那个女子，她是一定要见上一面的。她便是徐志摩的发妻张幼仪。

在徐志摩一生当中所经历的女子当中，陆小曼，张幼仪是满不在乎的。因为她失去徐志摩时，陆小曼尚未出现，彼此之间并无牵系。可对于林徽因，张幼仪难免会心存芥蒂。到底，徐志摩是为了林徽因才弃她而去的。而对于张幼仪，林徽因却心存一份歉意。

张幼仪的侄孙女张邦梅在给张幼仪写的传记《小脚与西服》里，写到了当时张幼仪与林徽因见面的事，将张幼仪对林徽因的不满写得很直接，甚至很尖锐。

张幼仪说："做啥林徽因要见我？我要带着阿欢和孙辈去。她虚弱得不能说话，只看着我们，头摆来摆去，好像打量我，我不晓得她想看什么。大概是我不好看，也绷着脸……我想，她此刻要见我一面，是因为她爱徐志摩，也想看一眼他的孩子。"

林徽因想看的，不过只是张幼仪是否过得好，是否依旧心存旧怨。她是想要化解这怨，是想要告知张幼仪，那一切并非是她想要的。而张幼仪所受的苦累，亦决然不是自己想见到的。当初她无法掌控任何人，而今亦是如此。她只是期望，因她受累的这女子，将来可以过得更好些。实在也没有别的奢望了。

面对林徽因，张幼仪终是无法大方。可是，林徽因不怪她。原谅一个人，从来没有我们想象中那么简单。至少，有生之年，林徽因已经为此努力过、尽心过。又或者，张幼仪并非真的不能原谅她，只是她不像林徽因，如此在意生之所需的仪式感。她不愿意。

1955年3月31日。

是夜。林徽因陷入昏迷状态。梁思成彻夜与之相伴，与痛、与绝望为邻。世间极痛之事莫过于目睹亲人离开、爱人消逝。每个人一生当中不可避免地要经历如斯剧痛的事。不可预料的诀别和悲剧，始终埋伏在生命当中。

4月1日，凌晨。梁思成不在病床前，睡在隔壁。她突然从昏迷中惊醒，如大梦一场。当时，她心有万言，却再也不能开口，唯有在沉默和静寂当中，等待生命最后一刻的到来。6点20分，林徽因，合上双眼，永久离开。生如夏花绚烂，死如秋叶静美。

4月2日，《北京日报》刊登讣告。讣告公布了治丧委员会名单，共十三人，分别是张奚若、钱端升、周培源、钱伟长、陈岱孙、金岳霖、杨廷宝、吴良镛、陈占祥、柴泽民、赵深、薛子正和崔月犁。

4月3日，行追悼会。全场泣不成声。金岳霖、邓以蛰亲笔题字，作下挽联，曰："一生诗意千寻瀑，万古人间四月天。"字字泣血，恸如哀歌，令人感喟。人间，从来不缺遗憾，缺的是面对遗憾时理应郑重的缅怀。

林徽因的遗体被安葬在八宝山革命烈士公墓。梁思成亲自为妻子设计了墓体。吴良镛书写碑名：建筑师林徽因之墓。至此，民国第一才女，中国第一位女建筑师，林徽因，走完了她绚烂的一生。如水中来去，温柔又安谧。

生，突如其来。
死，默然静待。

世间所有爱恨，
不过人生海海。

从盛开到凋零，
从芳华到淡静。

她说：死只一回，它是安慰。

35

此 生

在纯真的年代相遇。
在浪漫的时候相知。
在最好的时光相爱。

一生相守相伴，一世不离不弃。

人世间的所有相遇，都是久别重逢。相持共生，相爱如命。林徽因与梁思成，恰似浮世凉生里的双生花。能在人海里遇到彼此，已是很不可思议。世间人，谁不希望遇见那样一个人，相知，相爱，然后十指相扣，走到人生尽头。梁思成是幸运的，他遇到了——这，世间最好的女子。

你是四月早天里的云烟，
黄昏吹着风的软，
星子在无意中闪，
细雨点洒在花前。

诗如天籁，轻灵、缥缈，又极是简静柔丽。世间大约也只有林徽因写得出如许曼妙之诗句。是为女子，她一生都活得嚣艳刚烈，却又让人觉得浓淡相宜。她的每一行字、每一首诗，也是如此。不畏惧妥协，不徘徊犹豫。往后余生，雪泥鸿爪皆诗意。

从少年时起，她便与旁人不同，对周身人事有很好的适应和掌控能力。照顾弟妹，代祖父写家书。年轻的时候，便四处游历，满目皆是旷远、深阔。一身浩荡之风气，令周身的残花枯木也似逢春蓬勃。该红不萎，该绿不靡。

爱与梦想，她的生之维系。她以爱喂养梦想，又以梦想慰藉爱之荒凉。有慈父护航，她长成独有风致的女子是意料之中的事。即使在风气靡靡之旧时代，她仍能长成一朵最美艳的花。她与诗人徐志摩似实而虚的羁绊，即使万千流言荼毒，也抵不过历练本质之浪漫。

遇到梁思成，那个恂恂如也的男子，她这一世便不再飘零。在他身旁，她芳华尽显。就连那最知心人的金岳霖也忍不住称赞，她与他是林下美人配梁上君子。这梁上君子，也是幸运，与之相伴相惜、相爱相守至死。

还有，那人生之匆匆过客，予她短暂欢喜和瞬间愁离。人生聚散两依依，就像一场戏，你来我往，不问来处，不问去路。淡静抑或热烈地活，终局都不过是化作一缕烟、一抔土，一段喜忧参半的过往。待尘缘了却，终将奔赴运命彼岸。

以死来句读，不是结束，而是开始。虽今生不能再相见，但或许还有来世。这世间事，归根结底，不过梦幻泡影。如电如露，一念成渡。世事沧桑，世情淡凉，一切落寂之后，许她会见到新天新地，得到这烟水俗世不可得之久远、之自由、之心无挂碍的如水生活。

如果我的心是一朵莲花，
正中擎出一枝点亮的蜡，
荧荧虽则单是那一剪光，
我也要它骄傲的捧出辉煌。
不怕它只是我个人的莲灯，
照不见前后崎岖的人生——
浮沉它依附着人海的浪涛
明暗自成了它内心的秘奥。
单是那光一闪花一朵——
像一叶轻舸驶出了江河——
宛转它飘随命运的波涌
等候那阵阵风向远处推送。
算做一次过客在宇宙里，
认识这玲珑的生从容的死，
这飘忽的途程也就是个——
也就是个美丽美丽的梦。

她写《莲灯》。
她是梦。

环游花前，漫步月下，林徽因的今生今世仿佛如影如光从眼前掠过。她写诗、做文章、设计建筑，她历经昌隆和清贫，她穿越赞美和偏见，她走过兵荒马乱和盛世太平。她教会我们：世间险困和阻碍，从来不能轻易摧毁我们的一生。人世中唯一能摧毁我们的，是本身意志之脆弱。

她用一生回答了我们：如何活得热烈又丰盛？

用寂静的笔留下喜欢的过去，用寂静的眼凝望喜欢的以后，用寂静的心面对喜欢的所有。阶柳庭花，不忘安宁。风晨月夕，永念清平。因为喜欢，所以寂静。林清玄的那三句话正是她此生最好的注解：“心美，一切皆美；情深，万象皆深；境明，千里皆明。”

世事一场大梦。
人生几度新凉。

世间女子。
独她最好。

林徽因，是为纪念。

她站在幽深的甬道里，手拈微光，摸索奋进，终至与世诀别，不愿停歇片刻，似是为了证明一种关于爱与生命的乌托邦式的永恒。人世浮华，本是寻常。然而，渺弱你我总有期待。

喜欢你是寂静的

附录

Addendum

一 | 倏忽人间四月天
——回忆我的母亲林徽因

母亲去世已经三十二年了。现在能为她出这么一本小小的文集——她唯一的一本，使我欣慰，也使我感伤。

今天，读书界记得她的人已经不多了。老一辈谈起，总说那是三十年代一位多才多艺、美丽的女诗人。但是，对于我来说，她却是一个面容清癯、削瘦的病人，一个忘我的学者，一个用对成年人的平等友谊来代替对孩子的抚爱（有时却是脾气急躁）的母亲。

三十年代那位女诗人当然是有过的。可惜我并不认识，不记得。那个时代的母亲，我只可能在后来逐步有所了解。当年的生活和往事，她在我和姐姐再冰长大后曾经同我们谈起过，但也不常讲。母亲的后半生，虽然饱受病痛折磨，但在精神和事业上，她总有新的追求，极少以伤感的情绪单纯地缅怀过去。至今仍被一些文章提到的半个多世纪前的某些文坛旧事，我没有资格评论。但我有责任把母亲当年亲口讲过的，和我自己直接了解的一些情况告诉关心这段文学史的人们。或许它们会比那些传闻和臆测更有意义。

早年

我的外祖父林长民（宗孟）出身仕宦之家，几个姊妹也都能诗文、善书法。外祖父留学日本，英文也很好，在当时也是一位新派人物。但是他同外祖母的婚姻却是家庭包办的一个不幸的结合。外祖母虽然容貌端正，却是一位没有受过教育的、不识字的旧式妇女，因为出自有钱的商人家庭，所以也不善女红和持家，因而既得不到丈夫，也得不到婆婆的欢心。婚后八年，才生下第一个孩子——一个美丽、聪颖的女儿。这个女儿虽然立即受到全家的珍爱，但外祖母的处境却并未因此改善。外祖父不久又娶了一房夫人（编者按：林长民的第三位夫人程桂林），外祖母从此更受冷遇，实际上过著与丈夫分居的孤单的生活。母亲从小生活在这样的家庭矛盾之中，常常使她感到困惑和悲伤。

童年的境遇对母亲后来的性格是有影响的。她爱父亲，却恨他对自己母亲的无情；她爱自己的母亲，却又恨她不争气；她以长姊真挚的感情，爱着几个异母的弟妹，然而，那个半封建家庭中扭曲了的人际关系却在精神上深深地伤害过她。可能是由于这一切，她后来的一生中很少表现出三从四德式的温顺，却不断地在追求人格上的独立和自由。

少女时期，母亲曾经和几位表姊妹一道，在上海和北京的教会女子学校中读过书，并跟著那里的外国教员学会了一口相当流利的英语。

一九二〇年，当外祖父在北洋官场中受到排挤而被迫“出国考察”时，决定携带十六岁的母亲同行。关于这次欧洲之旅我所知甚少。只知道他们住在伦敦，同时曾到大陆一些国家游历。母亲还考入了一所伦敦女子学校暂读。

在去英国之前，母亲就已认识了当时刚刚进入清华学堂的父亲。从英国回来，他们的来往更多了。在我的祖父梁启超和外祖父看来，这门亲事是颇为相当的。但是两个年轻人此时已经受到过相当多的西方民主思想的熏陶，不是顺从于父辈的意愿，而确是凭彼此的感情而建立起亲密的友谊的。他们之间在对中国传统文化的珍爱和对造型艺术的趣味方面有著高度的一致性，但是在其他方面也有许多差异。父亲喜欢动手，擅长绘画和木工，又酷爱音乐和体育，他生性幽默，做事却喜欢按部就班，有条不紊；母亲富有文学家式的热情，灵感一来，兴之所至，常常可以不顾其他，有时不免受情绪的支配。我的祖母一开始就对这位性格独立不羁的新派的未来儿媳不大看得惯，而两位热恋中的年轻人当时也不懂得照顾和体贴已身患重病的老人的心情，双方关系曾经搞得十分紧张，从而使母亲又逐渐卷入了另一组家庭矛盾之中。这种局面更进一步强化了她内心那种潜在的反抗意识，并在后来的文学作品中有所反映。

父亲在清华学堂时代就表现出相当出众的美术才能，曾经想致力于雕塑艺术，后来决定出国学建筑。母亲则是在英国时就受到一位女同学的影响，早已向往于这门当时在中国学校中还没有的专业。在这方面，她和父亲可以说早就志趣相投了。一九二三年五月，正当父亲准备赴美留学的前夕，一次车祸使他左腿骨折。这使他的出国推迟了一年，并使他的脊椎受到了影响终生的严重损伤。不久，母亲也考取了半官费留学。

一九二四年，他们一同来到美国宾夕法尼亚大学。父亲入建筑系，母亲则因该系当时不收女生而改入美术学院，但选修的都是建筑系的课程，后来被该系聘为辅导员。

一九二五年底，外祖父在一场军阀混战中死于非命。这使正在留学的母亲精神受到很大打击。

一九二七年，父亲获宾州大学建筑系硕士学位，母亲获美术学院学士学位。此后，他们曾一道在一位著名的美国建筑师的事务所里工作过一段。不久，父亲转入哈佛大学研究美术史。母亲则到耶鲁大学戏剧学院随帕克教授学舞台美术。据说，她是中国第一位在国外学习舞台美术的学生，可惜她后来只把这作为业余爱好，没有正式从事过舞台美术活动。母亲始终是一个戏剧爱好者。一九二四年，当印度著名诗翁泰戈尔应祖父和外祖父之邀到中国访问时，母亲就曾用英语串演过泰翁名作《齐德拉》；三十年代，她也曾写过独幕和多幕话剧。

关于父母的留学生活，我知道的很少。一九二八年三月，他们在加拿大温哥华举行了婚礼，当时我的大姑父在那里任中国总领事。母亲不愿意穿西式的白纱婚礼服，但又没有中式“礼服”可穿，她便以构思舞台服装的想象力，自己设计了一套“东方式”带头饰的结婚服装，据说曾使加拿大新闻摄影记者大感兴趣。这可以说是她后来一生所执著追求的“民族形式”的第一次幼稚的创作。婚后，他们到欧洲度蜜月，实际也是他们学习西方建筑史之后的一次见习旅行。欧洲是母亲少女时的旧游之地，婚后的重访使她感到亲切。后来曾写过一篇散文《贡纳达之夜》，以纪念她在这个西班牙小城中的感受。

一九二八年八月，祖父在国内为父亲联系好到沈阳东北大学创办建筑系，任教授兼系主任。工作要求他立即到职，同时祖父的肾病也日渐严重。为此，父母中断了欧洲之游，取道西伯利亚赶回了国内。本来，祖父也为父亲联系了在清华大学的工作，但后来却力主父亲去沈阳，他在信上说："（东北）那边建筑事业将来有大发展的机会，比温柔乡的清华园强多了。但现在总比不上在北京舒服，……我想有志气的孩子，总应该往吃苦路上走。"父亲和母亲一道在东北大学建筑系的工作进行得很顺利，可惜东北严寒的气候损害了母亲的健康。一九二九年一月，祖父在北平不幸病逝。同年八月，我姐姐在沈阳出生。此后不久，母亲年轻时曾一度患过的肺病复发，不得不回到北京，在香山疗养。

北平

香山的"双清"也许是母亲诗作的发祥之地。她留下来的最早的几首诗都是那时在这里写成的。清静幽深的山林，同大自然的亲近，初次做母亲的快乐，特别是北平朋友们的真挚友情，常使母亲心里充满了宁静的欣悦和温情，也激起了她写诗的灵感。从一九三一年春天，她开始发表自己的诗作。

母亲写作新诗，开始时在一定程度上受到过徐志摩的影响和启蒙。她同徐志摩的交往，是过去文坛上许多人都知道，却又讹传很多的一段旧事。在我和姐姐长大后，母亲曾经断断续续地同我们讲过他们的往事。母亲同徐是一九二〇年在伦敦结识的。当时徐是外祖父的年轻朋友，一位二十四岁的已婚者，在美国学过两年经济之后，转到剑桥学文学，而母亲则是一个还未脱离旧式大家庭的十六岁的女中学生。据当年曾同徐志摩一道去过林寓的张奚若伯伯多年以后对我们的说法："你们的妈妈当时梳着两条小辫子，差一点把我和志摩叫做叔叔！"因此，当徐志摩以西方式诗人的热情突然对母亲表示倾心的时候，母亲无论在精神上、思想上还是生活体验上都处在与他完全不能对等的地位上，因此也就不可能产生相应的感情。母亲后来说过，那时，像她这么一个在旧伦理教育熏陶下长大的姑娘，竟会像有人传说地那样去同一个比自己大八九岁的已婚男子谈恋爱，简直是不可思议的事。母亲当然知道徐在追求自己，而且也很喜欢和敬佩这位诗人，尊重他所表露的爱情，但是正像她自己后来分析的："徐志摩当时爱的并不是真正的我，而是他用诗人的浪漫情绪想象出来的林徽因，可我其实并不是他心目中所想的那样一个人。"不久，母亲回国，他们便分手了。等到一九二二年徐回到国内时，母亲同父亲的关系已经十分亲密，后来又双双出国留学，和徐志摩更没有了直接联系。父母留学期间，徐志摩的离婚和再娶，成了当时国内文化圈子里几乎人人皆知的事。可惜他的再婚生活后来带给他的痛苦竟多于欢乐。一九二九年母亲在北平与他重新相聚时，他正处在那样的心境中，而母亲却满怀美好的憧憬，正迈向新的生活。这时的母亲当然早已不是伦敦时代那个梳小辫子的女孩，她在各方面都已成熟。徐志摩此时对母亲的感情显然也越过了浪漫的幻想，变得沉著而深化了。徐志摩是一个真挚奔放的人，他所有的老朋友都爱他，母亲当然更珍重他的感情。尽管母亲后来也说过，徐志摩的情趣中有时也露出某种俗气，她并不欣赏，但是这没有妨碍他们彼此成为知音，而且徐也一直是我父亲的挚友。母亲告诉过我们，徐志摩那首著名的小诗《偶然》是写给她的，而另一首《你去》，徐也在信中说明是为她而写的，那是他遇难前不久的事。从这前、后两首有代表性的诗中，可以体会出他们感情的脉络，比之一般外面的传说，确要崇高许多。

一九三一年以后，母亲除诗以外，又陆续发表了一些小说、散文和剧本，很快就受到北方文坛的注意，并成为某些文学活动中的活跃分子。从她早期作品的风格和文笔中，可以看到徐志摩的某种影响，直到她晚年，这种影响也还依稀有著痕迹。但母亲从不屑于模仿，她自己的特色愈来愈明显。母亲文学活动的另一特点，是热心于扶植比她更年轻的新人。她参加了几个文学刊物或副刊的编辑工作，总是尽量为青年人发表作品提供机会；她还热衷于同他们交谈、鼓励他们创作。她为之铺过路的青年中，有些人后来成了著名作家。关于这些，认识她的文学前辈们大概还能记得。

母亲开始写作时，已是“新月派”活动的晚期，除了徐志摩外，她同“新月派”其他人士的交往并不深。她初期的作品发表在《新月》上的也不很多。虽然她在风格上同“新月派”有不少相同的地方，但她却从不认为自己就是“新月派”，也不喜欢人家称她为“新月派诗人”。徐志摩遇难后，她与其他人的来往更少。不久，这个文学派别也就星散了。这里，还要顺带提到所谓徐志摩遗存的“日记”问题。徐生前是否曾将日记交母亲保存，我从未听母亲讲起过（这类事在我们稍长后，母亲就从不在我们姊弟面前隐讳和保密），但我确知，抗战期间当我们全家颠沛于西南诸省时，父母仅有的几件行李中是没有这份文献的。抗战之后，我家原存放在北平、天津的文物、书信等已大部分在沦陷期间丢失，少量残存中也没有此件……母亲曾自己处理过一些旧信、旧稿，其中也肯定不含此件。因此，几位权威人士关于这份"日记"最后去向的种种说法和猜测，我不知道有什么事实根据。特别是几年前一位先生在文章中说，我母亲曾亲口告诉他，徐志摩的两本日记"一直"由她保存著，不禁使我感到惊奇。不知这个"一直"是指到什么时候？我只知道，我们从小在家里从来也没有听到过母亲提起这位先生的名字。

文学上的这些最初的成就，其实并没有成为母亲当时生活的主旋律。对她后来一生的道路发生了重大影响的，是另一件事。一九三一年四月，父亲看到日本侵略势力在东北日趋猖狂，便愤然辞去了东北大学建筑系的职务，放弃了刚刚在沈阳安下的家，回到了北平，应聘来到朱启钤先生创办的一个私立学术机构，专门研究中国古建筑的"中国营造学社"，并担任了"法式部"主任，母亲也在"学社"中任"校理"。以此为发端，开始了他们的学术生涯。

当时，这个领域在我国学术界几乎还是一未经开拓的荒原。国外几部关于中国建筑史的书，还是日本学者的作品，而且语焉不详。埋没多年的我国宋代建筑家李诫（明仲）的《营造法式》，虽经朱桂老热心重印，但当父母在美国收到祖父寄去的这部古书时，这两个建筑学生却对其中术语视若"天书"，几乎完全不知所云。遍布祖国各地无数的宫殿、庙宇、塔幢、园林，中国自己还不曾根据近代的科学技术观念对它们进行过研究。

它们结构上的奥秘，造型和布局上的美学原则，在世界学术界面前，还是一个未解之谜。西方学者对于欧洲古建筑的透彻研究，对每一处实例的精确记录、测绘，对于父亲和母亲来说，是一种启发和激励。留学时代，父亲就曾写信给祖父，表示要写成一部“中国宫室史”，祖父鼓励他说：“这诚然是一件大事。”可见，父亲进入这个领域，并不是一次偶然的选择。

母亲爱文学，但只是一种业余爱好，往往是灵感来时才欣然命笔，更不会去“为赋新词强说愁”。然而，对于古建筑，她却和父亲一样，一开始就是当作一种近乎神圣的事业来献身的。

从一九三一到三七年，母亲作为父亲的同事和学术上的密切合作者，曾多次同父亲和其他同事们一道，在河北、山西、山东、浙江等省的广大地区进行古建筑的野外调查和实测。我国许多有价值的、成貌尚存的古代建筑，往往隐没在如今已是人迹罕至的荒郊野谷之中。当年，他们到这些地方去实地考察，常常不得不借助于原始的交通工具，甚至徒步跋涉，“餐风宿雨”“艰苦简陋的生活，与寻常都市相较，至少有两世纪的分别”。然而，这也给了他们这样的长久生活于大城市中的知识分子一种难得的机会，去观察和体验偏僻农村中劳动人民艰难的生活和淳朴的作风。这种经验曾使母亲的思想感情发生了很大的震动。

作为一个古建筑学家，母亲有她独特的作风。她把科学家的缜密、史学家的哲思、文艺家的激情融于一身。从她关于古建筑的研究文章，特别是为父亲所编《清式营造则例》撰写的“绪论”中，可以看到她在这门科学上造诣之深。她并不是那种仅会发思古之幽情，感叹于“多少楼台烟雨中”的古董爱好者；但又不是一个仅仅埋头于记录尺寸和方位的建筑技师。在她眼里，古建筑不仅是技术与美的结合，而且是历史和人情的凝聚。一处半圮的古刹，常会给她以深邃的哲理和美感的启示，使她禁不住要创造出“建筑意”这么个“狂妄的”名词来和“诗情”“画意”并列。好在那个时代他们还真不拘于任何“框框”，使她敢于用那么奔放的文学语言，乃至嬉笑怒骂的杂文笔法来写她的学术报告。母亲在测量、绘图和系统整理资料方面的基本功不如父亲，但在融汇材料方面却充满了灵感，常会从别人所不注意的地方独见精彩，发表极高明的议论。那时期，父亲的论文和调查报告大多经过她的加工过色。父亲后来常常对我们说，他文章的“眼睛”大半是母亲给“点”上去的……

这时期的生活经验，在母亲三十年代的文学作品中有著鲜明的反映。这些作品一方面表现出一个在优越的条件下顺利地踏入社会并开始获得成功的青年人充满希望的兴奋心情；另一方面，却又显出她对自己生活意义的怀疑和探索。但这并不似当时某些对象牙之塔厌倦了而又无所归依的“螃蟹似的”文学青年的那种贫乏的彷徨，她的探求是诚实的。正如她在一封信中所说的：在她看来，真诚，即如实地表现自己确有的思想感情，是文学作品的第一要义。她的小说《九十九度中》和散文《窗子以外》，都是这种真情的流露。在远未受到革命意识熏染之前，能够这样明确地提出知识分子与劳动人民的关系问题，渴望越出那扇阻隔于两者之间的“窗子”，对于像她这样出身和经历的人来说，是很不容易的。

三十年代是母亲最好的年华，也是她一生中物质生活最优裕的时期，这使得她有条件充分地表现出自己多方面的爱好和才艺。除了古建筑和文学之外，她还做过装帧设计、服装设计；同父亲一道设计了北京大学的女生宿舍，为王府井“仁立地毯公司”门市部设计过民族形式的店面（可惜他们设计的装修今天被占用著这间店面的某时装公司拆掉了。名家手笔还不如廉价的铝合金装饰板。这就是时下经理们的审美标准和文化追求），并单独设计了北京大学地质馆，据曹禺同志告诉我，母亲还到南开大学帮助他设计过话剧布景，那时他还是个年轻学生。母亲喜欢交朋友，她的热心和健谈是有名的，而又从不以才学傲视于年轻人或有意炫耀，因此，赢得许多忘年之交。母亲活泼好动，和亲戚朋友一道骑毛驴游香山、西山，或到久已冷落的古寺中野餐，都是她最快乐的时光。

母亲不爱做家务事，曾在一封信中抱怨说，这些琐事使她觉得浪费了宝贵的生命，而耽误了本应做的一点对于他人、对于读者更有价值的事情。但实际上，她仍是一位热心的主妇，一个温柔的妈妈。三十年代我家坐落在北平东城北总布胡同，是一座有方砖铺地的四合院，里面有个美丽的垂花门，一株海棠，两株马缨花。中式平房中，几件从旧货店里买来的老式家具，一两尊在野外考察中拾到的残破石雕，还有无数的书，体现了父母的艺术趣味和学术追求。当年，我的姑姑、叔叔、舅舅和姨大多数还是青年学生，他们都爱这位长嫂、长姊，每逢假日，这四合院里就充满了年轻人的高谈阔论、笑语喧声，真是热闹非常。

然而，生活也并不真的那么无忧无虑。三十年代的中国政局，特别是日本侵略的威胁，给父母的精神和生活投下了浓重的阴影。一九三一年，曾在美国学习炮兵的四叔在“一·二八”事件中于淞沪前线因病亡故；“一二·九”学生运动时，我们家成了两位姑姑和她们的同学们进城游行时的接待站和避难所；“一二·一六”那一天，姑姑的朋友被宋哲元的“大刀队”砍伤，半夜里血流满面地逃到我们家里急救包扎；不久，一位姑姑上了黑名单，躲到我们家，父母连夜将她打扮成“少奶奶”模样，送上开往汉口的火车，约定平安到达即发来贺电，发生意外则来唁电。他们焦急地等了三天，终于接到一个“恭贺弄璋之喜”的电报，不禁失笑，因为当时我已经三岁了。

然而，这样的生活，不久就突然地结束了。

一九三七年六月，她和父亲再次深入五台山考察，骑著骡子在荒凉的山道上颠簸，去寻访一处曾见诸敦煌壁画，却久已湮没无闻的古庙——佛光寺。七月初，他们居然在一个偏僻的山村外面找到它，并确证其大殿仍是建于唐代后期（公元八五七年）的原构，也就是当时所知我国尚存的最古老的木构建筑物（中华人民共和国成立后，在同一地区曾发现了另一座很小的庙宇，比佛光寺早七十多年）。这一发现在中国建筑史和他们个人的学术生活中的意义，当然是非同小可的。直到许多年以后，母亲还常向我们谈起当时他们的兴奋心情，讲他们怎样攀上大殿的天花板，在无数蝙蝠扇起的千年尘埃和无孔不入的臭虫堆中摸索著测量，母亲又怎样凭她的一双远视眼，突然发现了大梁下面一行隐隐约约的字迹，就是这些字，成了建筑年代的确凿证据。而对谦逊地隐在大殿角落中本庙施主“女弟子宁公遇”端庄美丽的塑像，母亲更怀有一种近乎崇敬的感情。她曾说，当时恨不能也为自己塑一尊像，让“女弟子林徽因”永远陪伴这位虔诚的唐朝妇女，在肃穆中再盘腿坐上他一千年！

可惜这竟是他们战前事业的最后一个高潮。七月中旬，当他们从深山中走出时，等著他们的，却是卢沟桥事变的消息！

战争对于父母来说意味著什么，他们当时也许想得不很具体，但对于需要做出的牺牲，他们是有所准备的。这点，在母亲一九三七年八月回到北平后给正在北戴河随亲戚度假的八岁的姐姐写的一封（奇迹般地保存了下来）信里，表达得十分明确。母亲教育姐姐，要勇敢，并告诉她，爸爸妈妈“不怕打仗，更不怕日本人”，因此，她也要“什么都顶有决心才好”。就这样，他们在日军占领北平前夕，抛下了那安逸的生活、舒适的四合院，带著外婆和我们姐弟、几只皮箱、两个铺盖卷，同一批北大、清华的教授们一道，毅然地奔向了那陌生的西南“大后方”，开始了战时半流亡的生活。

昆明

这确是一次历尽艰辛的“逃难”。

一九三七年十一月，我们在长沙首次接受了战争的洗礼。九死一生地逃过了日寇对长沙的第一次轰炸。那情景，在萧乾先生写的《一代才女林徽因》中，曾引用母亲自己的信，做了详尽的描述。

紧接著，在我们从长沙迁往昆明途中，母亲又在湘黔交界的晃县患肺炎病倒。我至今仍依稀记得，那一晚，在雨雪交加中，父亲怎样抱着我们，搀著高烧四十度的母亲，在那只有一条满是泥泞的街道的小县城里，到处寻找客店。最后幸亏遇上一批也是过路的空军航校学员，才匀了一个房间让母亲躺下。这也是战争期间我们家同那些飞行员之间特殊的友谊的开始。旅途中的这次重病对母亲的健康造成了严重损害，埋下了几年后的肺病再次复发的祸根。

一九三八年一月份，我们终于到达了昆明。在这数千公里的逃难中，做出最大牺牲的是母亲。

三年的昆明生活，是母亲短短一生中作为健康人的最后一个时期。在这里，她开始尝到了战时大后方知识分子生活的艰辛。父亲年轻时车祸受伤的后遗症时时发作，脊椎痛得常不能坐立。母亲也不得不卷起袖子买菜、做饭、洗衣。

然而，母亲的文学、艺术家气质并没有因此而改变。昆明这高原春城绮丽的景色一下子就深深地吸引了她。记得她曾写过几首诗来吟咏那“荒唐的好风景”，一首题为《三月昆明》，可惜诗稿已经找不到了。还有两首《茶铺》和《小楼》，在《林徽因诗集》出版时尚未找到，最近却蒙邵燕祥先生从他保留的旧报上找出（披露在甘肃《女作家》一九八五年第四期上）。

大约是在一九三九年冬，由于敌机对昆明的轰炸愈来愈频繁，我们家从城里又迁到了市郊，先是借住在麦地村一所已没有了尼姑的尼姑庵里，院里还常有虔诚的农妇来对著已改为营造学社办公室的娘娘殿烧香还愿；

后来，父亲在龙头村一块借来的地皮上请人用未烧制的土坯砖盖了三间小屋。而这竟是两位建筑师一生中为自己设计建造的唯一一所房子。

离我们家不远，在一条水渠那边，有一个烧制陶器的小村——瓦窑村。母亲经常爱到那半原始的作坊里去看老师傅做陶坯，常常一看就是几个小时。然后沿著长著高高的桉树的长堤，在黄昏中慢慢走回家。她对工艺美术历来十分倾心，我还记得她后来常说起，那老工人的手下曾变化出过多少奇妙的造型，可惜变来变去，最后不是成为瓦盆，就是变作痰盂！

前面曾提到，母亲在昆明时还有一批特别的朋友，就是在晃县与我们邂逅的那些空军航校学员，这是一批抗战前夕沿海大城市中投笔从戎的爱国青年，后来大多数家乡沦陷。在昆明时，每当休息日，他们总爱到我们家来，把母亲当作长姐，对她诉说自己的乡愁和种种苦闷。他们学成时，父亲和母亲曾被邀请做他们全期（第七期）的“名誉家长”出席毕业典礼。但是，政府却只用一些破破烂烂的老式飞机来装备自己的空军，抗战没有结束，他们十来人便全都在一次次与日寇力量悬殊的空战中牺牲了，没有一人幸存！有些死得十分壮烈。因为多数人家在敌占区，他们阵亡后，私人遗物便被寄到我们家里。每一次母亲都要哭一场。

李庄

一九四〇年冬，由于日寇对昆明的空袭日益加剧，营造学社追随中央研究院历史语言研究所再度西迁到四川宜宾附近的一个小江村，李庄。

这里距扬子江尽处只有三十公里（宜宾以上即称金沙江），而离重庆却有三天的水路，是个名副其实的穷乡僻壤。我们住进了一处篾条抹灰的简陋农舍。艰苦的生活、旅途的劳顿和四川冬季潮湿、阴冷的气候，终于使母亲的旧病恶性发作，卧床不起。而同时父亲脊椎软组织灰质化的毛病也变得愈来愈严重。

李庄的生活确实是艰难的。家里唯一能给母亲养病用的“软床”是一张摇摇晃晃的帆布行军床。晚上，为了父亲写书和我们姐弟做功课，全家点两盏菜籽油灯。当时，连煤油灯都是过于“现代化”的奢侈品。记得我在这里读小学时，除了冬天外婆亲手做的一双布鞋外，平时都只能穿草鞋。偶尔有朋友从重庆或昆明带来一小罐奶粉，就算是母亲难得的高级营养品了。父亲爱吃甜食，但这里除了土制红糖之外没有别的。父亲就把土糖蒸熟消毒，当成果酱抹在馒头上，戏称之为“甘蔗酱”。整个李庄没有一所医院，没有一位正式医生，没有任何药品。家里唯一的一只体温计被我失手打破，大半年母亲竟无法量体温。就是在这样的条件下，她的病情一天天沉重，却得不到像样的治疗。眼看著她消瘦下去，眼窝深陷，面色苍白，几个月的工夫，母亲就失掉了她那一向焕发美丽的面容，成了一个憔悴、苍老、不停地咳喘的病人。

同他们过去的生活相比，李庄的日子真可以说是贫病交加了。然而，就在这样的境遇之下，母亲和父亲并没有被困难所压倒，而是拼上性命，继续坚持著他们的学术事业。抗战开始以来，辗转几千公里的逃难，我们家几乎把全部“细软”都丢光了，但是，战前父亲和营造学社同仁们调查古建筑的原始资料——数以千计的照片、实测草图、纪录等等，他们却紧紧地抱在胸前，一张也没有遗失。只有那些无法携带的照相底版，还有一些珍贵的文献，他们在离开北平前，曾经存进了天津一家外国银行的地下保险库，当时以为这是最安全的。不料一九三九年天津大水时，地下室被淹，所存资料几乎全部被毁。这个消息是两年后才传到李庄的。姐姐告诉我，当父亲母亲听到这个不幸的消息时都哭了。就在这几间四面透风的农舍里，父亲同几位共患难的同事，请来当地的木匠，做了几张半原始的白木头绘画桌，摊开了他们的资料，决心着手全面系统地总结整理他们战前的调查成果，开始撰写《中国建筑史》。同时，为了实现他和母亲多年的宿愿，又决定用英文撰写并绘制一部《图像中国建筑史》，以便向西方世界科学地介绍中国古代建筑的奥秘和成就。他和母亲一面讨论，一面用一台古老的、霹啪震响的打字机打出草稿；又和他亲密的助手莫宗江一道，绘制了大量英汉对照注释的精美插图。当时，父亲的颈椎灰质化病常常折磨得他抬不起头来，他就在画板上放一个小花瓶撑住下巴，以便继续工作。而母亲只要稍微好过一点就半坐在床上，翻阅《二十四史》和各种资料典籍，为书稿做种种补充、修改，润色文字。今天，还可以从当年那些用土纸写成的原稿上，看到母亲病中的斑斑字迹。一九四二年冬，父亲和母亲的美国老友，当时的美国驻华大使特别助理费正清（John Fairbank）教授来到李庄看望他们，被他们在如此艰苦的环境中仍坚持学术工作的坚毅精神所深深感动。四十年后，他在“自传”中还专门为此写了一段深情的话，见萧乾先生的文章。

虽然如此，李庄的四年，大概仍是母亲情绪上最抑郁的时期。战争和疾病无情地击倒了她，而这里又是那样一个偏僻、单调的角落。老朋友们天各一方，难得有一两封书信往还。可以想象，她的心境有时是多么悲凉。但病中的母亲这时更勤奋于学习。她在病榻上读了大量的书。我和姐姐至今还能举出不少当时她读过的书名，这是因为当时她常常读书有感却找不到人交谈，只好对著两只小牛弹她的琴。这时期，她读了许多俄罗斯作家的作品，我记得她非常喜欢屠格涅夫的《猎人日记》，而且要求我们也当成功课去读它（那时我只有十二岁），还要我们一句句地去体味屠格涅夫对自然景色的描写。《米开朗琪罗传》，因为是英文的，我们实在没法子读，她就读一章，给我们讲一章，特别详细地为我们描述了米开朗琪罗为圣彼得教堂穹顶作画时的艰辛。讲的时候很动感情，可能因为米开朗琪罗那种对艺术的执著追求特别引起了她的共鸣。她偶尔也还写诗，但流露的大多是惆怅。在她兴致好的时候，间或喜欢让姐姐和我坐在床前，轻轻地为我们朗读她旧日的诗、文。她的诗本来讲求韵律，比较“上口”，由她自己读出，那声音真是如歌。她也常常读古诗词，并讲给我们听，印象最深的，是她在教我读到杜甫和陆游的“剑外忽传收蓟北”“家祭毋忘告乃翁”，以及“可怜小儿女，未解忆长安”等名句时那种悲愤、忧愁的神情。母亲非常擅长朗诵。我记得，还在昆明时期，我大概只是小学二年级，她教我《唐雎不辱使命》，自己读给我和姐姐听。一篇古文，被她读得绘声绘色：唐雎的英雄胆气，秦王前踞而后恭的窘态，听来简直似一场电影。五十年过去了，我仍觉得声声在耳，历历在目。在李庄时，她从中研院历史语言研究所借到过几张劳伦斯·奥列弗的莎剧台词唱片，非常喜欢，常常模仿这位英国名演员的语调，大声地“耳语”：“to be or not to be, that is the question!”于是父亲、姐姐和我就热烈鼓掌……她这位母亲，几乎从未给我们讲过什么小白兔、大灰狼之类的故事，除了给我们买了大量的书要我们自己去读之外，就是以她自己的作品和对文学的理解来代替稚气的童话，像对成年人一样地来陶冶我们幼小的心灵。

一九四一年，她非常疼爱的三弟，当时刚从航校毕业不久的空军上尉飞行员林恒，在一次对日机的仓促应战中，牺牲在成都上空。噩耗传到她病榻上的时候，母亲几乎痛不欲生。此后不到两年，昆明那批空军朋友中的最后一名幸存者，也是母亲最喜欢的一个，又在衡阳战役中被击落后失踪了。他们的死在母亲精神上的反响，已不限于对亡故亲人和挚友的怀念感伤。她的悼亡诗《哭三弟恒》可以说不是只给三舅一个人，而是献给抗战前期她所认识的所有那些以身殉国的飞行员朋友的。从中可以看出当时她对民族命运的忧思和对统治当局的责难。

战时“大后方”艰苦、暗淡的生活，腐蚀了许多青年人的意志，使他们动摇、彷徨，想放弃学术事业，有人不想再当穷知识分子，而想走升官发财之路。这一切使母亲写出了她唯一的一首政治诗《刺耳的悲歌》。她在诗中以悲怆的笔调抨击了那些看见别人做了官、发了国难财而眼红的青年人，也抨击了政府骗取青年的爱国热情，征召他们去参加目的可疑的什么“青年军”（抗战后国民党利用“青年军”镇压学生运动、打内战，证明了母亲这个“不问政治”的人政治上的敏感性）。极为可惜的是，那诗稿如今竟已不存！

从母亲一九四四年留下的几首短诗中可以看出，她在李庄的最后两年中心情是多么恶劣、消沉。但这并不仅仅是自身病痛所致，更多的，也许还是出于“长安不见”的忧愁。她这时爱读杜、陆后期的诗词，不是偶然的。在她和父亲身上，常表现出中国汉族读书人的那种传统的“气节”心理。一九四六年，抗战已经胜利，有一次我同母亲谈起一九四四年日军攻占贵州都匀、直逼重庆的危局，我曾问母亲，如果当时日本人真的打进四川，你们打算怎么办？她若有所思地说：“中国念书人总还有一条后路嘛，我们家门口不就是扬子江吗？”我急了，又问：“我一个人在重庆上学，那你们就不管我啦？”病中的母亲深情地握著我的手，仿佛道歉似地小声地说：“真要到了那一步，恐怕就顾不上你了！”听到这个回答，我的眼泪不禁夺眶而出。这不仅是因为感到自己受了“委屈”，更多地，我确是被母亲以最平淡的口吻所表现出来的那种凛然之气震动了。我第一次忽然觉得她好像不再是“妈妈”，而变成了一个“别人”。

抗战胜利那年的冬天，母亲离开了李庄，先在重庆暂住，但她总在想念昆明，特别是那里的老朋友们。四六年春，她终于如愿以偿，带病乘飞机再访昆明，住在圆通山后一座花园里。同老朋友金岳霖、张奚若、钱端升等人的重聚，使她得到了几年来最大的快乐，可惜高原缺氧的昆明对她的肺病却很不利。她在这里，也写了几首小诗。

“一二·一”运动后的昆明，使母亲在政治上有了新的认识。那年三月，我这个初中二年级学生在重庆被哄去参加了反苏游行。母亲知道后，从昆明来信把我狠狠地骂了一顿。说我是上当受骗，当时我还不大服气。这是我们在政治上的第一次交锋。同年八月，我们全家离开了重庆，乘西南联合大学的包机，飞向北平。

九年的战时流亡生活，终于结束了！

重回北平

母亲爱北平。她最美好的青春年华都是在这里度过的。她早年的诗歌、文学作品和学术文章，无一不同北平血肉相关。九年的颠沛生活，吞噬了她的青春和健康。如今，她回来了，像个残废人似的贪婪地要重访每一处故地，渴望再次串起记忆里那断了线的珍珠。然而，日寇多年的蹂躏，北平也残破、苍老了，虽然古老的城墙下仍是那护城河，蓝天上依旧有白鸽掠过，但母亲知道，生活之水不会倒流，十年前的北平同十年前的自己一样，已经一去不复返了。

胜利后在北平，母亲的生活有了新的内容。父亲应聘筹建清华大学建筑系，但不久他即到美国去讲学。开办新系的许多工作暂时都落到了母亲这个没有任何名义的病人身上。她几乎就在病床上，为创立建筑系做了大量组织工作，同青年教师们建立了亲密的同事情谊，热心地在学术思想上同他们进行了许多毫无保留的探讨和交流。同时，她也交结了复原后清华、北大的许多文学、外语方面的中青年教师，经常兴致勃勃地同他们在广阔的学术领域中进行讨论。从汉武帝到杨小楼，从曼斯斐尔到澳尔夫，她都有浓厚的兴趣和自己的见解。

但是，这几年里，疾病仍在无情地侵蚀著她的生命，肉体正在一步步地辜负著她的精神。她不得不过一种双重的生活：白天，她会见同事、朋友和学生，谈工作、谈建筑、谈文学……有时兴高采烈、滔滔不绝，以至自己和别人都忘记了她是个重病人；可是，到了夜里，却又往往整晚不停地咳喘，在床上辗转呻吟，半夜里一次次地吃药、喝水、咯痰……夜深人静，当她这样孤身承受病痛的折磨时，再没有人能帮助她。她是那样地孤单和无望，有著难以诉说的凄苦。往往愈是这样，她白天就愈显得兴奋，似乎是想攫取某种精神上的补偿。四七年前后她的几首病中小诗，对这种难堪的心境作了描述。尽管那调子低沉阴郁得叫人不忍卒读，却把“悲”的美学内涵表达得尽情、贴切。

一九四七年冬，结核菌侵入了她的一个肾，必须动大手术切除。母亲带著渺茫的希望入了医院。手术虽然成功了，但她的整个健康状况却又恶化了一大步，因为体质太弱，伤口几个月才勉强愈合。

一九四八年的北平，在残破和冷落中期待著。有人来劝父亲和母亲“南迁”、出国，却得不到他们的响应。抗战后期，一位老友全家去了美国，这时有人曾说：“某公是不会回来的了。”母亲却正色厉声地说：“某公一定回来！”这不仅反映了她对朋友的了解，也反映了她自己的心声。那位教授果然在一九四九年前举家回到了清华园。

一九四八年十二月十三日晚上，清华园北面彻夜响起枪炮声。母亲和父亲当时还不知道，这炮击正在预告著包括他们自己在内的中国人民的生活即将掀开新的一页。

解放军包围北平近两个月，守军龟缩城内，清华园门口张贴了解放军四野十三兵团政治部的布告，要求全体军民对这座最高学府严加保护，不得入内骚扰。同时，从北面开来的民工却源源经过清华校园，把云梯、杉槁等攻城器材往城郊方向运去。看来，一场攻坚战落在北平城头已难以避免。忧心忡忡的父亲每天站在门口往南眺望，谛听著远处隐隐的炮声，常常自言自语地说：“这下子完了，全都要完了！”他担心的，不止是城里亲友和数十万百姓的安危，而且还有他和母亲的第二生命——这整座珍贵的古城。中国历史上哪里有那样的军队，打仗还惦记著保护文物古迹?

然而，他们没有想到，当时中国真还有一支这样的军队——就在四八年年底，几位头戴大皮帽子的解放军干部坐著吉普来到我们家，向父亲请教一旦被迫攻城时，哪些文物必须设法保护，要父亲把城里最重要的文物古迹一一标在他们带来的军用地图上，父亲和母亲激动了。“这样的党、这样的军队，值得信赖，值得拥护！”从这件事里，他们朴素地得出了这样一个结论。直到他们各自生命结束，对此始终深信不疑。

解放

解放了。

母亲的病没有起色，但她的精神状态和生活方式却发生了重大的变化。中华人民共和国成立初期，姐姐参军南下，我进入大学，都不在家。对于母亲那几年的日常生活和工作，我没有细致的了解。只记得她和父亲突然忙了起来，家里常常来一些新的客人，兴奋地同他们讨论著、筹划著……过去，他们的活动大半限于营造学社和清华建筑系，限于学术圈子，而现在，新政权突然给了他们机会，来参与具有重大社会、政治意义的实际建设工作，特别是请他们参加并指导北京全市的规划工作。这是中华人民共和国成立前做梦也想不到的事。作为建筑师，他们猛然感到实现宏伟抱负，把才能献给祖国、献给人民的时代奇迹般地到来了。对这一切，母亲同父亲一样，兴奋极了。她以主人翁式的激情，恨不能把过去在建筑、文物、美术、教育等等许多领域中积累的知识和多少年的抱负、理想，在一个早晨统统加以实现。只有四十六岁的母亲，病情再重也压不住她那突然迸发出来的工作热情。

母亲有过强烈的解放感。因为新社会确实解放了她，给了她一个前所未有的、新的、崇高的社会地位。在旧时代，她虽然也在大学教过书，写过诗，发表过学术文章，也颇有一点名气，但始终只不过是“梁思成太太”，而没有完全独立的社会身份。现在，她被正式聘为清华大学建筑系的一级教授、北京市都市计划委员会委员、人民英雄纪念碑建筑委员会委员，她还当选为北京市第一届人民代表大会代表、全国文代会代表……她真正是以林徽因自己的身份来担任社会职务，来为人民服务了。这不能不使她对新的政权、新的社会产生感激之情。“士为知己者用”，她当然要鞠躬尽瘁。

那几年，母亲做的事情很多，我并不全都清楚，但有几件我是多少记得的。

一九五〇年，以父亲为首的一个清华建筑系教师小组，参加了国徽图案的设计工作，母亲是其中一个活跃的成员。为自己的国家设计国徽，这也许是一个美术家所能遇到的最激动人心的课题了。在中国历史上，这也可能是一次空前绝后的机会。她和父亲当时都决心使我们的国徽具有最鲜明的民族特征，不仅要表现革命的内容，还要体现出我们这文明古国悠久的文化传统。他们曾担心：有人会主张像某些东欧“兄弟国家”那样，来一个苏联“老大哥”国徽的“中国版”。在最初的构思中，他们曾设想过以环形的璧，这种中国古老的形式作为基本图案，以象征团结、丰裕与和平。现在的这个图案，是后来经过多次演变、修改之后才成型的。一九五〇年六月全国政协讨论国徽图案的大会，母亲曾以设计小组代表的身份列席，亲眼看到全体委员是怎样在毛主席的提议下，起立通过了国徽图案的。为了这个设计，母亲做了很大贡献，在设计过程中，许多新的构思都是她首先提出并勾画成草图的。她也曾多次亲自带著图版，扶病乘车到中南海，向政府领导人汇报、讲解、听取他们的意见……正因为这样，她才会在毛主席宣布国徽图案已经通过时，激动地落了泪。

中华人民共和国成立初期她所热心从事的另一件工作，是倡导某些北京传统手工艺品的设计改革。当时有人来向她呼吁，要挽救当时已濒于停顿、失传的北京景泰蓝、烧瓷等手工业。她对这件事给予了极大的关注，曾和几位年轻的工艺美术工作者一道，亲自到工场、作坊中去了解景泰蓝等的制作工艺，观看老工人的实际操作。然后她又根据这些工艺特点，亲自设计了一批新的构思简洁、色调明快的民族形式图案，还亲自到作坊里去指导工人烧制样品。在这个过程中，她还为工艺美院带出了两名研究生。可惜的是，她的试验在当时的景泰蓝等行业中未能推开，她的设计被采纳的不多，市面上的景泰蓝仍维持着原来那种陈旧的图案。

城墙与屋顶

她的主张不邀时赏的，并不仅是这一件。

现在，当我每天早上夹在车和人的洪流中，急著要从阻塞的大街上挤一条路赶去上班的时候，常常不由得回想起五十年代初期，母亲和父亲一道，为了保存古城北京的原貌，为了建设一个他们理想中的现代化的首都而进行的那一场徒劳的斗争。

他们在美国留学的时代，城市规划在资本主义世界还是一种难以实现的理想。他们曾经看到，在私有制度之下，所谓城市规划，最后只能屈从于房地产资本家的意志，建筑师们科学的见解、美妙的构思，最后都湮没在现代都市千奇百怪、杂乱无章的建筑物之中。因此，当中华人民共和国成立初期，他们参加了为北京市做远景规划的工作时，心情是极为兴奋的。他们曾经认为，只有在社会主义制度下，当城市的一切土地都是公有的，一切建筑活动都要服从统一的计划时，真正科学、合理的城市规划才有可能实现。

对于北京的规划，他们的基本观点是：第一，北京是一座有著八百多年历史，而近五百年来其原貌基本保存完好的文化古城，这在全世界也是绝无仅有的。北京的原貌本身就是历代劳动人民留给我们的无价珍宝。而它又是一座"活的"城市，现代人仍然生活于其中，仍在使用和发展著它，但现代人只负有维护古都原貌，使之传诸久远的义务，而没有"除旧布新"，为了眼前的方便而使珍贵古迹易容湮灭的权利。第二，他们认为，原北京城的整个布局，是作为封建帝都，为满足当时那样的需要而安排的，它当然不能满足一个现代国家首都在功能上的要求。而如果只著眼于对旧城的改建，也难以成功。他们根据国外许多历史名城被毁的教训，预见到如果对北京城“就地改造”，把大量现代高层建筑硬塞进这古城的框框，勉强使它适应现代首都的需要，结果一定是两败俱伤：现代需要既不能充分满足，古城也将面目全非，弄得不伦不类，其弊端不胜枚举。然而，这些意见却未被采纳……于是母亲和父亲又提出了修建“城上公园”、多开城门的设想，建议在环城近四十公里的宽阔城墙上面种花植草，放置凉棚长椅，利用城门楼开办展览厅、阅览室、冷饮店，为市区居民开辟一个文化休息的好去处，变“废”为利。然而，据理的争辩也罢，激烈的抗议也罢，苦苦的哀求也罢，统统无济于事。

说起母亲和父亲对待古建筑的立场，我便不能不提到对于“大屋顶”的批判问题，这个批判运动虽然是在母亲去世之后，针对父亲的建筑思想开展的，但这种建筑思想历来是他们所共有的，而且那批判的端倪也早已见于解放之初。这表面上虽是由经济问题引出来的，但实质上却是中华人民共和国的新建筑要不要继承民族传统，创造出现代的民族形式的问题。对于这个重大课题，母亲和父亲出于他们自幼就怀有的深厚的爱国主义感情，早在留学时期便已开始探索。他们始终认为，现代建筑的材料与结构原则，完全有可能与中国古代建筑的传统结构有机地结合起来，从而创出一种新的、富有中国气派的民族风格。他们经过反复思考，明确否定了几十年来风行于世界各地的“玻璃盒子”式，或所谓“国际式”的建筑，认为它们抹杀了一切民族特征，把所有的城市变得千城一面；他们也反对复古主义，反对造“假古董”。早在三十年代初，母亲在为《清式营造则例》

所写的“绪论”中，就已经告诫建筑家们“虽需要明了过去的传统规矩，却不要盲从则例，束缚自己的创造力”。但是在民生凋敝的旧中国，他们一直缺乏实践机会。这方面的摸索，直到中华人民共和国成立后才有可能开始。母亲确曾说过，屋顶是中国建筑最具特色的部分，但他们并没有把民族形式简单地归结为“大屋顶”。五十年代前期各地出现的建“大屋顶”之风，是对民族形式的一种简单的模式化理解，或者说是一种误解或曲解，绝不符合父亲和母亲的真正主张。而且当时那种一哄而起，到处盖房子都要搞个大屋顶的做法，正是四十多年来我们在各个领域都屡见不鲜的一哄而起和攀比作风的早期表现，是不能完全由父亲和母亲这样的学者来负责的。五十年代前期，在追求所谓“民族形式”的浪潮中出现的不少建筑，的确不仅在经济上，而且在建筑艺术上都很难说是成功的，然而当时那些不由分说的批判，确实曾深深地伤害了他们从爱国主义立场出发的，科学上和艺术上的探索精神，把他们终身遵循的学术信念和审美原则一下子说得一钱不值、大谬不然，这不能不使他们（母亲去世后，主要是父亲）感到极大的惶惑。继对电影《武训传》的批判之后，对“大屋顶”的批判，在以简单粗暴方式对待学术思想问题方面，也在知识界中开了一个极坏的先例。母亲去世很早，没有来得及看到在批判“大屋顶”的同时北京冒出来的那一批俄罗斯式的“尖屋顶”，更没有看到后来会有这么多他们所最恼火的“国际式”高层玻璃盒子，有些上面还顶著个会转圈的“罐头盒屋顶”，以“锷未残”之势，刺破著碧空下古城原有的和谐的建筑天际线；也没有看到在被拆毁的古城墙遗址边上，又长出了那么一排排玻璃与水泥构筑的灰暗的“新式城墙”，否则，她定会觉得自己作为建筑家而未能尽到对历史的责任，那种痛苦我是完全可以想象的。

尽瘁

在中华人民共和国成立初期那些年紧张的实际工作中，母亲也没有放松过在古建筑方面的学术研究。其中最重要的一项，就是她和父亲以及莫宗江教授一道，在初步学习了马克思主义的理论之后，将他们多年来对中国建筑发展史的基本观点做了一次全面的检讨，并在此基础上写出了《中国建筑发展的历史阶段》这篇长文（载一九五四年第二期《建筑学报》），第一次尝试著以历史唯物主义作为指导思想，重新回顾从远古直到现代中国建筑发展的整个历程，开始为他们的研究工作探求一个更加科学的理论基础。

在那几年里，母亲还为建筑系研究生开过住宅设计和建筑史方面的专题讲座，每当学生来访，就在床褥之间，“以振奋的心情尽情地为学生讲解，古往今来，对比中外，谑语雄谈，敏思遐想，使初学者思想顿感开扩。学生走后，常气力不支，卧床喘息而不能吐一言”（吴良镛、刘小石《梁思成文集·序》）。这里我想特别指出，母亲在建筑和美术方面治学态度是十分严谨的，对工作的要求也十分细致严格，而绝没有那种大而化之的“顾问”作风。这里，我手头有两页她的残留信稿，可以作为这方面的一个例证。为了不使我的这份记述成为空洞的评议，这里也只好用一点篇幅来引录信的原文，也可以算是她这部文集的一个“补遗”吧。一九五三年前后，由北京文物整理委员会编，人民美术出版社出版的《中国建筑彩画图案》，请她审稿并作“序”，她对其中彩图的效果很不满意，写信提出了批评，其最后几段如下：

（四）青绿的双调和各彩色在应用上改动的结果，在全梁彩色组合上，把主要的对比搅乱了。如将那天你社留给我的那张印好的彩画样干，同清宫中大和门中梁上彩画（庚子年日军侵入北京时，由东京帝国大学建筑专家所测绘的一图，两者正是同一规格）详细核对，比照著一起看时，问题就很明显。原来的构图是以较黯的青绿为两端箍头藻头的主调，来衬托第一条梁中段以朱为地、以彩色“吉祥草”为纹样的枋心，和第二条梁靠近枋心的左右红地吉祥草的两段藻头。两层梁架上就只出三块红色的主题，当中再隔开一块长而细的红色垫版，全梁青、绿和朱的对比就清清楚楚，明明白白，一点也不乱。

从花纹的比例上看，原来的纹样细密如锦，给人的感觉非常安静，不像这次所印的那样浑圆粗大，被金和白搅得热闹嘈杂，在效果上有异常不同的表现。青、绿两色都是中国的矿质颜料，它们调和相处，不黯也不跳；白色略带蜜黄，不太宽，也不突出。在另外一张彩画上看到，原是细致如少数民族边饰织纹的箍头两旁纹样，在比例上也被你们那里的艺人们在插图时放大了。总而言之，那张印样确是“走了样”的“和玺（木宛）花结带”，与太和门中梁上同一格式的彩画相比，变得五彩缤纷，宾主不分，八仙过海，各显其能，聒噪喧腾，一片热闹而不知所云。从艺术效果上说，确是个失败的例子。

从这段信中，不仅可以看出她对自己的专业的钻研是怎样地深入细致，而且还可以看到，她在用语言准确而生动地表述形象和色彩方面有著多么独到的功夫（这本大型专业参考工具书后于一九五五年出版）。

母亲在生命的最后时刻所参与的另一项重要工作，是人民英雄纪念碑的设计和建造。这里，她和父亲一道，也曾为坚持民族形式问题做过一番艰苦的斗争，当时他们最担心的，是天安门前建筑群的和谐，会被某种从苏联“老大哥”那里抄得来的青铜骑士之类的雕像破坏掉。母亲在“碑建会”里，不是动口不动手的顾问，而是实干者。五三年三月她在给父亲的信中写道：

我的工作现时限制在碑建会设计小组的问题上，有时是把几个有限的人力拉在一起组织一下，分配一下工作，做技术方面的讨论，如云纹，如碑的顶部；有时是讨论应如何集体向上级反映一些具体意见，做一两种重要建议。今天就是刚开了一次会，有某某等连我六人前天已开过一次，拟了一信稿呈郑主任和薛秘书长的，今天将所拟稿带来又修正了一次，今晚抄出大家签名，明天发出。主要要求：立即通知施工组停扎钢筋；美工合组事虽定了尚未开始，所以趁此时再要求增加技术人员加强设计实力；第三，反映我们认为去掉大台对设计有利（原方案碑座为一高台，里面可容陈列室及附属设施——梁注），可能将塑型改善，而减掉复杂性质的陈列室和厕所设备等等，使碑的思想性明确单纯许多。

除了组织工作，母亲自己又亲自为碑座和碑身设计了全套饰纹，特别是底座上的一系列花圈。为了这个设计，她曾对世界各地区、各时代的花草图案进行过反复对照、研究，对笔下的每一朵花、每一片叶，都描画过几十次、上百次。我还记得那两年里，我每次回家都可以看到她床边的几乎每一个纸片上，都有她灵感突来时所匆匆勾下的某个图形，就像音乐家们匆匆记下的几个音符、一句旋律。

然而，对于母亲来说，这竟是一支未能完成的乐曲。

从五四年入秋以后，她的病情开始急剧恶化，完全不能工作了。每天都在床上艰难地咳著、喘著，常常整夜地不能入睡。她的眼睛虽仍然那样深邃，但眼窝却深深地陷了下去，全身瘦得叫人害怕，脸上见不到一点血色。

大约在五五年初，父亲得了重病入院，紧接著母亲也住进了他隔壁的病房。父亲病势稍有好转后，每天都到母亲房中陪伴她，但母亲衰弱得已难于讲话。三月三十一日深夜，母亲忽然用微弱的声音对护士说，她要见一见父亲。护士回答：夜深了，有话明天再谈吧。然而，年仅五十一岁的母亲已经没有力气等待了，就在第二天黎明到来之前，悄然地离开了人间。那最后的几句话，竟没有机会说出。

北京市人民政府把母亲安葬在八宝山革命烈士公墓，纪念碑建筑委员会决定，把她亲手设计的一方汉白玉花圈刻样移做她的墓碑，墓体则由父亲亲自设计，以最朴实、简洁的造型，体现了他们一生追求的民族形式。

十年浩劫中，“建筑师林徽因之墓”几个字被砸掉了，至今没有恢复。作为她的后代，我们想，也许就让它作为一座无名者的墓留在那里更好。

母亲的一生中，有过一些神采飞扬的时刻，但总的说来，艰辛却多于顺利。她那过人的才华施展的机会十分短暂，从而使她的成就与能力似不相称。那原因自然不在于她自己。

在现代中国的文化界里，母亲也许可以算得上是一位多少带有一些“文艺复兴色彩”的人，即把多方面的知识与才能——文艺的和科学的、人文学科和工程技术的、东方和西方的、古代和现代的——汇集于一身，并且不限于通常人们所说的“修养”。而是在许多领域都能达到一般专业者难以企及的高度。同时，所有这些在她那里都已自然地融会贯通，被她娴熟自如地运用于解决各式各样的问题，得心应手而绝无矫揉的痕迹。不少了解她的同行们，不论是建筑界、美术界还是文学界的，包括一些外国朋友，在这一点上对她都是钦佩不已的。

谈起外国朋友，那么还应当提到，母亲在英文方面的修养也是她多才多艺的一个突出表现。美国学者费氏夫妇一九七九年来访时曾对我说：“你妈妈的英文，常常使我们这些以英语为母语的人都感到羡慕。”父亲所写的英文本《图像中国建筑史》的“前言”部分，就大半出自母亲的手笔。我记得五十年代初她还试图用英文为汉武帝写一个传，而且已经开了头，但后来大概是一个未能完成的项目。

总之，母亲这样一个人的出现，也可以算是现代中国文化界的一种现象。一九五八年一些人在批判“大屋顶”时，曾经挖苦地说：“梁思成学贯中西，博古通今……古文好，洋文也好，又古又洋，所谓修养，既能争论魏风唐味，又会鉴赏抽象立体……”这些话，当然也适用于“批判”

母亲，如果不嫌其太“轻”了一点的话。二十世纪前期，在中西文明的冲突和交会中，在中国确实产生了相当一批在不同领域中“学贯中西、博古通今”，多少称得上是“文艺复兴式”的人物。他们是中国文化在特定历史条件下的产物。他们的成就，不仅光大了中国的传统文明，也无愧于当时的世界水平。这种人物的出现，难道不是值得我们中国人骄傲的事？在我们中华文明重建的时候，难道不是只嫌这样的知识分子太少又太少了吗？对他们的“批判”，本身就表示著文化的倒退。那结果，只能换来几代人的闭塞与无知。

中华人民共和国成立后，母亲只生活了短短六年时间，但她的思想感情确实发生了巨大的变化。这是因为，当时的新政权曾以自己的精神和事业，强烈地吸引了她，教育了她。以她那样的出身和经历，那样的生活和思想方式，而能在短短几年里就如此无保留地把自己的全部信任、智慧和精力都奉献给了这新的国家、新的社会，甘愿为之鞠躬尽瘁，又是那样恳切地决心改造自己旧的世界观，这确是一件发人深省的事……

一九五五年，在母亲的追悼会上，她的两个几十年的挚友——哲学教授金岳霖和邓以蛰联名给她写了一副挽联：

一生诗意千寻瀑，
万古人间四月天。

父亲曾告诉我，《你是人间的四月天》这首诗是母亲在我出生后的喜悦中为我而作的，但母亲自己从未对我说起过这件事。无论怎样，今天，我要把这“一句爱的赞颂”重新奉献给她自己。愿她倏然一生的追求和成就，能够通过这本文集，化作中国读书人的共同财富，如四月春风，常驻人间！

梁从诫

一九八五年四月北京一稿

一九八六年四月北京二稿

一九九一年四月北京再改

二 | 我的妈妈林徽因

四川气候潮湿，冬季常阴雨绵绵，夏季酷热，对父亲和母亲的身体都很不利。我们的生活条件比在昆明时更差了。两间陋室低矮、阴暗、潮湿，竹篾抹泥为墙，顶上席棚是蛇鼠经常出没的地方，床上又常出现成群结队的臭虫，没有自来水和电灯，煤油也须节约使用，夜间只能靠一两盏菜油灯照明。

我们入川后不到一个月，母亲肺结核症复发，病势来得极猛，一开始就连续几周高烧至四十度不退。李庄没有任何医疗条件，不可能进行肺部透视检查，当时也没有肺病特效药，病人只能凭体力慢慢煎熬。从此，母亲就卧床不起了。尽管她稍好时还奋力持家和协助父亲做研究工作，但身体日益衰弱，父亲的生活担子因而加重。

更使父亲伤脑筋的是，此时营造学社没有固定经费来源。他无奈只得年年到重庆向“教育部”请求资助，但“乞讨”所得无几，很快地就会为通货膨胀所抵销。抗战后期物价上涨如脱缰之马，父亲每月薪金到手后如不立即去买油买米，则会迅速化为废纸一堆。食品愈来愈贵，我们的饭食也就愈来愈差。母亲吃得很少，身体日渐消瘦，后来几乎不成人形。

为了略为变换伙食花样，父亲在工作之余不得不学习蒸馒头、煮饭、做菜、腌菜和用橘皮做果酱等等。家中实在无钱可用时，父亲只得到宜宾委托商行去当卖衣物，把派克钢笔、手表等“贵重物品”都“吃”掉了。父亲还常开玩笑地说：把这只表“红烧”了吧！这件衣服可以“清炖”吗？

三叔到李庄后肺病也复发了，病情同母亲非常相似。父亲对兄弟和妻子的病都爱莫能助。他自己的体质也明显地下降，虽然才四十多岁，背已经驼得很厉害，精力也大不如前了。

1941 年春天，正当母亲病重时，三舅林恒（空军飞行员）在一次对日空战中牺牲，外婆和母亲后来得知都为此伤痛不已。三舅的后事是父亲在重庆时瞒着母亲到成都去办理的。

后来，又传来了天津涨大水的消息。营造学社的一批无法带到后方的图片资料当时寄存在天津一家银行的地窖中，涨水后全部被淹毁，这是父母和学社成员多年心血的积累，所以父亲和母亲闻讯后几乎痛哭失声。

尽管贫病交加，挫折一个接一个，但父母亲并不悲观气馁，父亲尤其乐观开朗。他此时常教我读些唐诗。杜甫的“剑外忽传收蓟北，初闻涕泪满衣裳”是全家最喜爱的诗句之一。

生活愈是清苦，父亲愈相信那“即从巴峡穿巫峡，便下襄阳向洛阳”的日子即将到来。他从来不愁眉苦脸，仍然酷爱画图，画图时总爱哼哼唧唧地唱歌，晚间常点个煤油灯到他那简陋的办公室去。由于背的毛病，头已“重”得抬不起来了，画图时就找个花瓶来“支撑”自己的下巴。

他仍在梦想着战争结束后到全国各地再去考察。有一次我听到他对母亲说，如果他今生有机会去敦煌一次，他就是“一步一磕头”也甘心情愿。母亲不发烧时也大量读书做笔记，协助父亲作写中国建筑史的准备。她睡的小小行军帆布床周围堆满了中、外文书籍。

1945 年 8 月，日本投降了。父亲所盼望的“朝辞白帝彩云间，千里江陵一日还”的日子快要到了。但是，他已衰老许多，母亲的身体也很难恢复了。这一年，他陪母亲到重庆检查身体一次，医生悄悄告诉他，母亲将不会很久于人世了……

梁再冰

三 | 林徽因年表

1904 年 / 出生

6 月 10 日，林徽因生于浙江杭州陆官巷住宅。

原籍福建闽侯，祖父林孝恂，光绪己丑科（1889 年）进士，初为政知县候选，历任浙江海宁、石门、仁和各州县地方官。他资助青年赴日留学，他们多参加孙中山领导的革命运动。祖母游氏，生有子女七人。

父亲林长民（1876 年生），字宗孟，为林孝恂的长子，1906 年赴日留学，不久回国，从杭州东文学校毕业后，再度赴日，就读于早稻田大学，习政治法律；叔林天民（1887 年生），字希实，早年亦留学日本，习电气工程；大姑林泽民，嫁王永昕；二姑生一女后去世；三姑林嫄民，嫁卓定谋；四姑林丘民，嫁曾仙舟；五姑林子民，嫁李石珊。

堂叔林觉民、林尹民均为黄花岗革命烈士。

1909 年 / 5 岁

林家迁居蔡官巷一宅院，林徽因随祖父母、姑母等人居于此，由大姑林泽民发蒙读书。

1910 年 / 6 岁

林长民毕业于早稻田大学，善诗文、工书法，回国后与同学刘崇佑创办福州私立法政学堂，并任校长。

1911 年 / 7 岁

祖母游氏因心脏病逝于杭州。武昌起义后，林长民赴上海、南京、北京等地宣传辛亥革命。

1912 年 / 8 岁

1 月 1 日，南京临时政府成立，林长民为福建代表，任参议院秘书长，并与汤化龙等人在上海发起组织“共和建设讨论会”。4 月 13 日，正式成立“共和建设讨论会”，拥在日的梁启超为领袖，电其归国。10 月 27 日，将“共和建设讨论会”、国民协会等团体合并，林长民参与组织民主党。

是年，林长民住在北京，其他家人由杭州移居上海，住虹口区金益里。林徽因与表姐妹们入附近爱国小学，读二年级，并侍奉祖父。

1913 年 / 9 岁

林长民被选为众议院议员，任秘书长。母亲何雪媛（1882—1972 年，林长民的第二夫人，浙江嘉兴人）带妹妹麟趾（后夭折）去北京，住前王公厂旧居，林徽因留沪。林长民与第三夫人程桂林（上海人）成婚（一说是在 1912 年）。

1914 年 / 10 岁

林长民任北京政府国务院参事，其他家人迁居北京。

祖父林孝恂因胆石症病逝。二娘程桂林生妹燕玉。

1915 年 / 11 岁

二娘程桂林生弟桓。

1916 年 / 12 岁

4 月，林家迁居天津英租界红道路，林长民仍留北京。5 月，林长民去津，又同二娘程桂林回京。秋，其他家人由津返京。9 月，在梁启超的支持下，林长民组织了“宪法研究会”。林徽因与表姐们同入英国教会办的培华女中读书。

1917 年 / 13 岁

张勋复辟，林家迁居天津，唯有林徽因随父留京。后林徽因同叔叔林天民至津寓自来水路，诸姑偕诸姊继至。林长民由天津归，独自回京。7 月 17 日，林长民因支持段祺瑞讨伐张勋复辟，被任命为司法总长。8 月，举家由津返京。11 月 15 日，“安福系”崛起，林长民不再受到重视，辞去司法总长一职。

1918年 / 14岁

3月24日，林长民与汤化龙、蓝公武赴日游历。林家仍居于北京织女桥。林徽因自觉能编字画目录，及父归，阅之以为不适用，颇暗惭。但林徽因料理家事，屡得其父褒奖。

不久后认识梁启超之子梁思成。

1919年 / 15岁

林长民任巴黎和会观察员，著书立说，抨击亲日派，反对日本承认德国在华权益。二娘程桂林生弟暄。

1920年 / 16岁

春，林长民赴英讲学，林徽因亦随父去读中学。3月，林长民赴瑞开国联会，由法去英，居阿门二十七号。7月，林徽因随父到巴黎、日内瓦、罗马、法兰克福、柏林等地旅行。9月回伦敦，以优异的成绩考入圣玛丽学院。9月24日，徐志摩由美到英。10月上旬，与在伦敦经济学院上学的徐志摩初次相遇。

1921年 / 17岁

8月，林徽因随柏烈特全家赴英南海边避暑，林长民独居伦敦。9月14日，租屋期满，因归期延至10月14日，林徽因借住在柏烈特家，林长民住在他处。

10月14日，林徽因随父由英赴法，乘“波罗加”船归国。11月、12月间，林长民、林徽因抵上海，梁启超派人接林徽因回北京，仍进培华女中读书，林长民暂居上海。

1922年 / 18岁

林徽因在培华女中读书。3月，徐志摩赴柏林，经金岳霖、吴经熊做证，与张幼仪离婚。春，林徽因、梁思成婚事“已有成言”，但未定聘。9月，徐志摩乘船回国，10月15日抵达上海，不久北上来京，林、徐暂告不欢。

1923年 / 19岁

林徽因在培华女中读书。

春，新月社在西单石虎胡同七号成立，林长民、林徽因等参加并祝贺。5月7日，梁思成带弟弟梁思永骑摩托车去追赶“国耻日”游行队伍，至南长街口被一大轿车撞断左腿，住进协和医院。林徽因到医院探望。7月，梁思成出院，留下终身残疾。林长民任宪法起草委员会委员，曹锟贿选总统时，他在沪参与反直运动。林徽因经常与表姐王孟瑜、曾语儿参加新月社俱乐部的文学、游艺活动。林徽因毕业于培华女中，并考取半官费留学。

1924年 / 20岁

4月23日，印度诗人泰戈尔来华访问，在先农坛草坪讲演，林徽因搀扶他上台，徐志摩担任翻译。文载：“林小姐人艳如花，和老诗人挟臂而行。加上长袍白面、郊寒岛瘦的徐志摩，有如苍松竹海的一幅三友图。”一时成为京城美谈。

5 月 8 日，为庆祝泰戈尔先生六十四岁诞辰，林徽因、徐志摩等在东单三条协和小礼堂演出了泰翁诗剧《齐德拉》，林徽因饰公主齐德拉，徐志摩饰爱神玛达那。演出前，林徽因饰一古装少女恋望“新月”，以示新月社组织的这场演出活动。泰戈尔在京期间，由林徽因、徐志摩等陪同，拜会了溥仪、颜惠庆。

6 月，林徽因、梁思成同往美国留学。7 月 7 日，两人抵达康奈尔大学，林选户外写生和高等代数；梁选水彩静物画、户外写生和三角。

9 月，两人结束康校的暑期课程，前往宾夕法尼亚大学就读。同月，梁思成的母亲李惠仙病故。

1925 年 / 21 岁

林徽因、梁思成在宾夕法尼亚大学学习。1 月 18 日，林徽因与闻一多等在美参加“中华戏剧改进社”。11 月 22 日，郭松龄在滦州倒戈反奉，通电张作霖，林长民受邀为“东北国民军”政务处处长。11 月 30 日，郭部兵败，林长民被流弹击中而亡。

1927 年 / 23 岁

6 月，林徽因从宾夕法尼亚大学毕业，得学士学位，后转耶鲁大学戏剧学院，在 G.P. 帕克教授的工作室学习了半年的舞台美术。12 月 18 日，梁启超在北京为梁思成、林徽因的婚事“行文定礼”。

1928 年 / 24 岁

3 月，结束舞美学业。3 月 21 日，林徽因与梁思成在加拿大温哥华梁思成的姐姐家结婚。之后按照其父梁启超的安排，赴欧洲参观古建筑，8月18日回京。9月，梁思成、林徽因受聘于东北大学建筑系，分别为主任、教授。林徽因回福州探亲，受到父亲林长民创办的私立法政专科学校同人的欢迎。11月，梁启超病重住院，梁思成、林徽因赶赴北京。

1929年／25岁

1月19日，梁启超病故，梁思成、林徽因为其父设计墓碑。8月，林徽因从东北回到北平，在协和医院生下其女儿，取名再冰，意为纪念已故的梁启超。张学良以奖金征东北大学校徽图案，林徽因设计的“白山黑水”图案中奖。

1930年／26岁

秋，徐志摩到沈阳，劝林徽因回北平治病。12月，林徽因的肺病日趋严重，协和医院的大夫建议她到山上静养。

1931年／27岁

3月，林徽因到香山双清别墅养病。之后不断发表了诗《那一晚》《谁爱这不息的变幻》《仍然》《激昂》《一首桃花》《山中一个夏夜》《笑》《深夜里听到乐声》《情愿》及短篇小说《窘》。

9月，梁思成、林徽因应朱启钤邀请，离开东北大学，到中国营造学社供职。梁任法式部主任，林为校理。秋，林徽因病愈下山。

11月19日，林徽因在协和小礼堂为驻华使节讲授中国古代建筑。同日，徐志摩为了听林徽因的学术报告，乘机返京，不料在济南党家庄遇难身亡。

11 月 22 日，林徽因、梁思成得悉徐志摩遇难，即以铁树、白花编制小花圈追悼他。随后，梁思成与金岳霖、张奚若赶到徐志摩遇难处处理后事。同月，由林徽因等人主持，在北平为徐志摩举行追悼仪式。

12 月 7 日，林徽因发表散文《悼志摩》。

1932 年 / 28 岁

元旦、正月初一，林徽因分别两次致胡适信。6 月中旬，林徽因再次到香山养病。夏，林徽因、梁思成去卧佛寺、八大处等地考察古建筑，并发表《平郊建筑杂录》。7 月至 10 月，作诗《莲灯》《别丢掉》《雨后天》。8 月，子从诫生，其名字意为纪念宋代建筑学家李诫。在一次聚餐时，林徽因结识美籍学者费正清、费慰梅夫妇。

1933 年 / 29 岁

林徽因参加朱光潜、梁宗岱举办的文化沙龙，每月集会一次，朗诵中外诗歌和散文。秋，林徽因与闻一多、余上沅、杨振声、叶公超等人筹备并创办了《学文》月刊。9 月，林徽因、梁思成同刘敦桢、莫宗江等人去山西大同考察云冈石窟。10 月 7 日，发表散文《闲谈关于古代建筑的一点消息》。11 月，林徽因同梁思成、莫宗江去河北正定考察古建筑。

11 月 18 日，发表诗《秋天，这秋天》。同月，林徽因请萧乾、沈从文到北总布胡同谈《蚕》的创作。12 月，作诗《忆》。

1934 年 / 30 岁

1 月，中国营造学社出版了梁思成的《清式营造则例》一书，林徽因为该书写了绪论。年初，为叶公超主编的《学文》月刊一卷二期设计了富有建筑美的封面。2月、5月，林徽因发表了诗《年关》《你是人间的四月天》、小说《九十九度中》。8月，林徽因、梁思成同费氏夫妇、汉莫去山西汾阳、洪洞等地考察古建筑。9月5日，发表散文《窗子以外》。10月，林徽因、梁思成应浙江建设厅邀请，到杭州商讨六和塔重修计划，之后又去浙南武义宣平镇和金华天宁寺做古建筑考察。

1935年 / 31岁

3月，林徽因与梁思成合著《晋汾古建筑预查纪略》一文。6月，发表诗《吊玮德》、短篇小说“模影零篇”系列之《锺绿》《吉公》。10月，作诗《灵感》《城楼上》。11月19日，发表散文《纪念志摩去世四周年》。冬，林徽因经常与费氏夫妇到郊外练习骑马。

1936年 / 32岁

1月至11月，发表诗《深笑》《静院》《风筝》《记忆》《无题》《题剔空菩提叶》《黄昏过泰山》《昼梦》《八月的忧愁》《冥想》《空想（外四章）》《过杨柳》《静坐》；散文《蛛丝和梅花》《究竟怎么一回事》；短篇小说“模影零篇”之三《文珍》。

5月28日，林徽因、梁思成等去河南洛阳龙门石窟、开封及山东历城、章邱、泰安、济宁等处考察古建筑。

9月，担任《大公报》文艺作品征文评委。

10月，在《平津文化界对时局的宣言》中，向国民党当局提出抗日救亡八项要求，并在宣言上签名。选编《大公报·文艺丛刊小说选》，并为之作序。

1937年 / 33岁

1月至7月，发表诗《红叶里的信念》《十月独行》《时间》《古城春景》《前后》《去春》；话剧《梅真同他们》；短篇小说“模影零篇”系列之四《绣绣》。任朱光潜主编的《文学杂志》编委。

林徽因、梁思成应顾祝同邀请，到西安做小雁塔的维修计划，同时还到西安、长安、临潼、户县、耀县等处做古建筑考察。

7月，林徽因同梁思成、莫宗江、纪玉堂赴五台山考察古建筑，林徽因意外地发现了榆次的雨花宫，之后考察了佛光寺。7月12日，林徽因一行至代县，得知发生卢沟桥事变，于是匆匆返回北平。

9月，林徽因一家离开北平，到达天津，又从天津乘船去烟台，后到达济南，再乘火车南下，一路经过徐州、武汉等地。10月中旬，抵长沙。11月下旬，日机轰炸长沙，林徽因一家险些丧生。不久，他们离开长沙，经常德、晃县、贵阳、镇宁、普安、曲靖，到达昆明。

1938年 / 34岁

1月，林徽因一家住在昆明翠湖边巡律街。不久，莫宗江、陈明达、刘志平、刘敦桢等人也到达昆明。与中美庚款基金会联系后，他们组建了营造学社西南小分队。另，创作组诗《昆明即景》。

1939年 / 35岁

年初，因日机轰炸，林徽因一家搬至郊区龙泉镇麦地村。2月5日，发表散文《彼此》。6月28日，发表诗《除夕看花》。冬，梁思成、刘敦桢等去云南、四川、陕西、西康等地做古建筑考察，林徽因为云南大学设计女生宿舍。

1940 年 / 36 岁

初冬，营造学社随历史语言研究所入川，林徽因一家亦迁至四川南溪县李庄镇上坝村。不久，林徽因肺病复发，从此抱病卧床四年。

1941 年 / 37 岁

在李庄镇。春，三弟恒在对日作战中身亡。

1942 年 / 38 岁

在李庄镇。春，作诗《一天》。梁思成接受国立编译馆的委托，编写《中国建筑史》。林徽因为编写《中国建筑史》，抱病阅读《二十四史》，准备了大量资料。她写了该书第六章中的宋、辽、金部分，并承担了全部书稿的校阅和补充工作。

11 月 4 日，费正清、陶孟和从重庆溯江而上，去李庄访问林徽因、梁思成。

1944 年 / 40 岁

在李庄镇。作诗《十一月的小村》《忧郁》《哭三弟恒》。费慰梅到李庄访问林徽因。

1945 年 / 41 岁

在李庄镇。8 月，日本侵略者宣布无条件投降。梁思成陪林徽因到重庆检查身体，大夫告诉梁思成，林徽因还有五年的寿命。

1946 年 / 42 岁

2 月，林徽因在费慰梅的陪同下，乘飞机去昆明拜会西南联大校长梅贻琦。建议清华大学增设建筑系。住在唐继尧的祖居里，与张奚若、钱端升、金岳霖等旧友重聚。7 月 31 日，同西南联大教工由重庆乘飞机返回北平，为清华大学设计胜因院教师住宅。10 月，梁思成赴耶鲁大学做访问教授。11 月 24 日，发表散文《一片阳光》，作诗《对残枝》《对北门街园子》。

1947 年 / 43 岁

夏，饱经欧战浸染的萧乾，由上海来清华园探望林徽因，二人长谈七年来各自的经历。作诗《给秋天》《人生》《展缓》《小诗（一）》《小诗（二）》《恶劣的心绪》《写给我的大姐》。

12 月，做肾脏切除手术。

1948 年 / 44 岁

2 月 18 日，作诗《我们的雄鸡》。2 月至 5 月，发表诗《空虚的薄暮》《昆明即景》《年轻的歌》《病中杂诗九首》《哭三弟恒》。11 月，国民党当局迫使北平高校南迁，清华园展开反迁校斗争，林徽因说：“我们不做中国的‘白俄’。”大军攻城前夕，张奚若带着两名解放军到林徽因家，请梁、林标出需要保护的古建筑，为此深感新政权对他们的信任。是年，叔林天民故。

1949年/45岁

北平解放，林徽因被聘为清华大学建筑系一级教授。2月，与梁思成等编印《全国建筑文物简目》。春，送女儿再冰参加南下工作团。7月，政协筹委会决定把国徽设计任务交给清华大学和中央美院。清华大学由林徽因、李宗津、莫宗江、朱畅中等七人参加设计工作。

1950年/46岁

6月，清华大学和中央美院设计完成国徽图案，并在中南海怀仁堂参加评选，最后清华小组的图案以布局严谨、构图庄重而中选。6月18日，林徽因被特邀参加全国政协一届二次会议。9月20日，毛泽东主席发布国徽图案命令。之后，林徽因被任命为北京市都市计划委员会委员兼工程师，提出修建“城墙公园”的设想。是年，妹燕玉故。

1951年/47岁

为挽救濒于停业的景泰蓝传统工艺，抱病与高庄、莫宗江、常莎娜、钱美华、孙君莲深入工厂做调查研究，并设计了一批具有民族风格的新颖图案，为“亚洲及太平洋区域和平会议”“苏联文化代表团”献上了一批礼品，深受与会人员欢迎。

1952年/48岁

梁思成、刘开渠主持设计人民英雄纪念碑，林徽因被任命为人民英雄纪念碑建筑委员会委员，抱病参加设计工作。她与助手关肇邺一起，经过认真推敲、反复研究，终于完成了须弥座的图案设计。

5 月，为迎接即将到来的建设高潮，林徽因、梁思成翻译了《苏联卫国战争被毁地区之重建》一书，由上海龙门书局印行，为国家建设提供了借鉴。应《新观察》杂志之约，撰写了《中山堂》《北海公园》《天坛》《颐和园》《雍和宫》《故宫》等一组介绍我国古建筑的文章。

1953 年 / 49 岁

9 月，被邀参加第二届全国文代会。江丰在美术家协会的报告上，对林徽因和清华小组挽救景泰蓝的成果给予了充分肯定和高度评价。

10 月，当选为建筑学会理事，并任《建筑学报》编委。

1954 年 / 50 岁

6 月，林徽因当选为北京市人民代表大会代表。秋，林徽因不抵郊外风寒，由清华园搬到城里去住。不久，因病情恶化，住进同仁医院。

1955 年 / 51 岁

4 月 1 日 6 时 20 分，病逝于同仁医院。4 月 2 日，《北京日报》发表讣告，治丧委员会由张奚若、周培源、钱端升、钱伟长、金岳霖等十三人组成。4 月 3 日，在金鱼胡同贤良寺举行追悼会，遗体安放在八宝山革命公墓。

阶柳庭花，不忘安宁。风晨月夕，永念清平。

因为喜欢，所以寂静。

图书在版编目（CIP）数据

喜欢你是寂静的：林徽因传 / 王臣著.—南昌：江西人民出版社，2019.8
ISBN 978-7-210-11368-3

Ⅰ.①喜… Ⅱ.①王… Ⅲ.①林徽因（1904-1955）-传记 Ⅳ.①K826.16

中国版本图书馆 CIP 数据核字（2019）第 115184 号

喜欢你是寂静的：林徽因传

王臣

责任编辑 / 冯雪松

出版发行 / 江西人民出版社

印刷 / 雅迪云印（天津）科技有限公司

版次 / 2019年8第1版

2019年8月第1次印刷

开本 / 880毫米×1230毫米　1/32　8.5印张

字数 / 180千字

书号 / ISBN 978-7-210-11368-3

定价 / 46.80元

赣版权登字—01—2019—220